股权实操36课

李曙光　陈柔兵————编著

北京联合出版公司
Beijing United Publishing Co.,Ltd.

图书在版编目（CIP）数据

股权实操 36 课 / 李曙光，陈柔兵编著 . -- 北京：
北京联合出版公司，2022.1
　　ISBN 978-7-5596-5648-3

　　Ⅰ . ①股… Ⅱ . ①李… ②陈… Ⅲ . ①股权管理—通
俗读物 Ⅳ . ① F271.2-49

中国版本图书馆 CIP 数据核字（2021）第 211655 号

股权实操 36 课

作　　者：李曙光　陈柔兵
出 品 人：赵红仕
选题策划：北京时代光华图书有限公司
责任编辑：管　文
封面设计：新艺书文化

北京联合出版公司出版
（北京市西城区德外大街 83 号楼 9 层　100088）
北京时代光华图书有限公司发行
北京晨旭印刷厂印刷　　新华书店经销
字数 159 千字　　787 毫米 × 1092 毫米　　1/16　　15.5 印张
2022 年 1 月第 1 版　　2022 年 1 月第 1 次印刷
ISBN 978-7-5596-5648-3
定价：58.00 元

版权所有，侵权必究
未经许可，不得以任何方式复制或抄袭本书部分或全部内容
本书若有质量问题，请与本公司图书销售中心联系调换。电话：（010）82894445

编委会

主　编：李曙光　王　森　张　桢

副主编：陈柔兵　焦　阳　宫爱丽　李　岩

编委会成员简介

李曙光

拥有18年实战经验的商务律师,天津商业大学、天津财经大学、天津美术学院创业导师,擅长发展期运营型企业的股权设计与组织战略优化。

他服务过花旗银行、渣打银行、美克家居、荣程钢铁等企业,近些年主要专注于国内品质型企业发展战略策划、服务设计与员工愉悦度建设。

服务企业代表:杭州东大方·传统苏杭味、古丽花儿新疆餐厅、长沙苏览新中式糕点、沐希形象美学、施瑞莱洗脸吧、成铭推拿等。

王森

研究生学历,河南洛太律师事务所专职律师、高级合伙人、党支部书记。其专注股权诉讼、股东诉讼、公司纠纷诉讼、股权架构设计、集团架构设计、合伙人制度设计、公司控制权设计、股权激励、股权融资、股权并购、股权众筹等法律业务。

张桢

西北政法大学法学学士,广东海埠律师事务所专职律师,深圳市坪山区商事调解院商事调解员,深圳市青年科技人才协会特邀嘉宾,"法天使-中国合同库"认证合同讲师,国家社科基金项目"民商事调解规则与技巧研究"课题组成员。其擅长商事诉讼、商事仲裁、企业股权架构设计、投资并购等业务领域。

陈柔兵

中央财经大学法学硕士,中国教育网络电视台国学频道栏目策划人。总裁卓越系统课程优秀学员,并担任讲师助理,有丰富的商业管理和运营经验,在教学方面和员工培训方面、企业培训方面,有丰富的经验和能力。

焦阳

西北政法大学经济法学硕士,现任北京市京师(西安)律师事务所高级合伙人,京师西安国际投资委员会主任、公司投资与运营法律事务部主任、国际投融资与资产配置事务部主任,同时为西北政法大学民商法学院兼职教授、西北政法大学经济法学院兼职教授。

宫爱丽

毕业于中国政法大学,北京信之源律师事务所主任、创始合伙人。其专注家事法、家庭财富管理与代际传承和私募股权投融资等业务,尤其擅长对特定家庭财产(如家族企业的股权)的协议分割或其他类型的利益分配,并在婚姻家庭事务、家庭财富管理、家庭或家族财富代际传承、家庭成员分家析产等方面积累了丰富经验。

李岩

齐齐哈尔大学法学学士,现任黑龙江李岩律师事务所创始人、河南省法治建设研究会创业导师、黑龙江省商务文化发展促进会特聘法律与公司顾问、齐齐哈尔市律师协会常务理事、齐齐哈尔仲裁委员会仲裁员。

其多年来以服务中小企业创业、创新发展为理念,为企业提供公司治理、顶层股权架构设计、股权激励、股权投融资、加盟连锁等落地实操服务。

目录

序言　第三次财富浪潮与股权时代攻略　/ 1

第1章　如何利用股权留住人才

第 1 课　一股两分，业绩翻倍　　/ 003
第 2 课　虚实结合，留住人才　　/ 009
第 3 课　连环分红，裂变人才　　/ 015
第 4 课　股随利走，人才稳定　　/ 019
第 5 课　上策为买，钱从哪来　　/ 023
第 6 课　股金退还，人走股收　　/ 029

第2章　如何利用股权实现融资

第 7 课　优先回本，大钱小股　　/ 037
第 8 课　终生锁定，投资放心　　/ 043
第 9 课　产品回报，投资不亏　　/ 049
第 10 课　资金兜底，背水一战　　/ 055
第 11 课　估值得法，互利共赢　　/ 061
第 12 课　同股异权，大权在握　　/ 067

第3章 创业者如何玩转股权

第13课　指数思维，无限裂变　　/ 075
第14课　一股独大，先行先得　　/ 083
第15课　设置框架，找对成员　　/ 089
第16课　成熟有期，退出有制　　/ 097
第17课　乘势而上，领先崛起　　/ 101
第18课　删繁就简，以逸待劳　　/ 107

第4章 如何利用股权打下市场

第19课　关注重点，抓住关键　　/ 113
第20课　重赏复购，树上开花　　/ 119
第21课　持股联盟，优势互补　　/ 125
第22课　股权激励，病毒营销　　/ 133
第23课　股权合作，单店裂变　　/ 139
第24课　众筹连环，爆炸增长　　/ 145

第5章 如何防止"引狼入室"

第25课　资源配股，上屋抽梯　　/ 153
第26课　技术配股，期权限制　　/ 161
第27课　顾问配股，备份稀释　　/ 167
第28课　CEO配股，设定指标　　/ 173
第29课　资金到账，防"狼"入室　/ 179
第30课　协议签订，信为上策　　/ 183

第 6 章　如何避免股权陷阱

第 31 课　一山一虎，分槽养马　　　/ 191

第 32 课　借款路线，避免拆伙　　　/ 197

第 33 课　财务确认，避免互整　　　/ 203

第 34 课　违反协议，净身出户　　　/ 207

第 35 课　重返有效，不拉仇恨　　　/ 213

第 36 课　禁止劝诱，稳定军心　　　/ 219

附录　创业者必知股权常识　　　/ 223

序言

第三次财富浪潮与股权时代攻略

巴菲特说过:"一生能够积累的财富,不取决于你能够赚多少钱,而取决于你如何'玩'钱,钱找人胜过人找钱,要懂得钱为你服务,而不是你为钱卖命。"老板如果只知道埋头赚钱,而不会"玩"钱,那么早晚要被这个时代抛弃。

在热钱和投资盛行的年代,只知道埋头苦干的人为创业积累的那点资本,在时代的浪潮中往往不堪一击——你还没有站稳脚跟,却发现那些借助资本力量的竞争对手已经后来居上了;一个你先发现的好项目,却被别人借助资本的力量捷足先登了。所以,聪明的老板在埋头经营企业的时候,不忘抬头寻找各种"四两拨千斤"的武器。其中,股权就是当下最流行的财富杠杆。近些年,无论电视、报纸等传统媒体,还是微博、微信等新媒体,到处充斥着关于股权的知识和新闻。

股权为什么一下子就火遍大江南北了呢？一个重要的原因就是我国已经从产品主导时代、客户主导时代发展到了人才主导时代。有一句话说得好："21世纪最贵的就是人才。"人们因为资金、资源、技术等要素的联结，因为共同事业的吸引走到了一起。单纯的雇佣关系已经不能满足人才的合作需求，股权联盟成为新时代的标配。

什么叫财富浪潮？打个比方，你想钓鱼，恰好遇上了涨潮，你根本就不用钓，也不用捕，把网撒开，鱼就会一股脑儿地往网里蹦。站在财富浪潮之上，挣钱也会比较容易。就像小米掌门人雷军所言，"站在风口上，猪都能飞起来"。

让我们回顾一下我国经历的三次财富浪潮，看看是否符合上面的描述。

第一次财富浪潮是产品时代。在物资匮乏的年代，缺医少药，缺吃少穿，有些产品即使你有钱也买不到。在这种产品非常匮乏、供不应求的情况下，你只要把产品生产出来，马上就能够发财。

产品时代挣钱容易到什么程度呢？即使生产出来一种质量不怎么好的产品，也能发大财。当时有一种鞋叫"星期鞋"，穿一个星期就坏了，但一点儿也不影响厂商赚钱。

第二次财富浪潮叫客户时代。谁能够抓住客户，谁就能够马上赚大钱。这个时代有几个代表：第一个是中央电视台（CCTV），第二个是淘宝，第三个是国美、苏宁。这几个代表虽然来自不同的领域，却有一个共同的特点：它们不生产产品，却最赚钱。

CCTV通过广告"标王"争夺赛，成为最强势最赚钱的媒体，

序言 第三次财富浪潮与股权时代攻略

至今还有很多老板无比怀念那个年代——一句"今年过节不收礼，收礼只收脑白金"就能拿下12亿元的年销售额。淘宝因为"让天下的小生意人不再难做"，凭借强大的线上客户吸附能力，成为最受欢迎的平台——当年在淘宝开个店，有不少人赚得盆满钵满。国美、苏宁则是客户线下购买和体验的聚集地。

CCTV、淘宝、国美、苏宁，所做的都是同一件事：帮助企业找客户。

第三次财富浪潮叫股权时代。如果你在产品时代和客户时代没有把握住发财的机会，那么在第三次财富浪潮里，加把劲儿，也可能会大有作为。

股权时代最典型的代表是"摩拜单车"（于2020年更名为"美团单车"）。其创始人胡玮炜用短短的两年时间，将摩拜单车的估值从0元做到了100亿元。当然，摩拜单车后面发展黯淡的原因很复杂，其中一个重大原因就在于创始人对于股权知识的欠缺，最终失去了自己对摩拜单车的控制权，这未免有些遗憾。

这就是股权时代的最大特点：只要你在这个时代有好的项目，然后又能够灵活地用股权去盘活资源，盘活资金，你马上就能在这个时代脱颖而出，创造奇迹。

然而，股权是一把双刃剑。因为股权问题，后期好兄弟、恩爱夫妻闹上法庭的案例比比皆是，有人甚至失去了自己一手打造的公司。

财富只属于那些懂得创造又善于管理它的主人，如果你没有驾驭它的本领，那么它可能为"露水财富"——来得快，也去得快。股权的好与坏只在于"一念之间"，这"一念"就是你所具备的知识和经验。如果你对股权一知半解，冲动之下把股份给了人，可能会后患无穷。要想发挥股权的最大功效，你首先得具备一定的股权知识和经验，两者缺一不可。

表面上看，"股权"两个字很简单，但实际上它包括很多分支，有股权设计、股权激励、股权众筹、股权融资等。

我认为在目前的股权培训行业里，主要存在三大派别。

第一个派别叫"学术派"。他们的理论研究很深，主要传递了先进的股权知识和理念，但一到应用就事倍功半了。主要原因在于，他们欠缺在市场上"摸爬滚打"的经验，所以在应用股权的时候，往往离现实比较遥远。

第二个派别叫"江湖派"。这一派别往往有比较强的宣传造势能力，培训完之后让人很激动，但在应用的时候，又一头雾水。

"江湖派"的目标是趁乱"割韭菜"，趁着浪潮来袭大家一知半解的时候，浑水摸鱼。和某些区块链培训师一样，他们也是抓住大众对股权充满好奇又所知甚少的心理，讲得激情澎湃，实际上毫无干货。

第三个派别叫"实战派"。"实战派"是以效果收费的，有的侧重激励，有的侧重股权融资，有的侧重股权设计，有的侧重股权风险防范……这些都是从自身优势出发，去帮助中小企业尤其是初创企业发展的。

序言 第三次财富浪潮与股权时代攻略

我个人也是实战派出身,我在网上和线下讲的课程——"股权36计",是经过我们创作者团队实践、学习和总结提炼出来的,是我们所学法律知识和服务客户实践的结晶。我们的课程最大的特点是"学一计用一计",实用性很强。我们的课程在网络平台播出不到一半,就吸引了许多来自全国各地的客户,他们纷纷找上门来向我们咨询合作事宜。这说明我们所讲的课程在企业家当中的反响还是不错的。

我们所写的这本书也是不断实践、学习和总结的结晶。这本书一共分为六章,作为创业者,如果能够熟练掌握这六章的内容,你在应用股权的时候会比较得心应手。

第一章主要讲如何用股权吸引人才、激励人才。面对内部员工的工作积极性不高,只有老板着急,其他的人全部消极怠工的情况,如何把员工的工作积极性调动起来?如何让员工多赚钱,从而提高企业利润,让老板省心,正是这一章所要解决的问题。

第二章主要讲如何利用股权融资,帮助中小企业解决融资难的问题。毫不夸张地讲,只要创业者弄懂了股权,就可以不去银行,也不用找政府,自己就能从市场上把钱轻松筹到。

第三章主要讲如何用股权创业,是专门为创业者设计的内容。创业者往往热血沸腾,理想很丰满,但他们不懂得与股东合作的方式、方法,在前面碰壁不说,后面还有可能被股东忽悠。这一板块解决的问题就是跟什么人能合伙,跟什么人不能合伙,合伙的时候怎么样做效果更好。

第四章主要讲如何用股权在市场中占有一席之地。如何用股权打开市场？如何用股权把你的产品、服务、项目推向市场？如何实现连锁裂变、把加盟事业扩张到全国市场？我们将在这个板块中详细论述。

第五章主要讲如何防止"引狼入室"。市面上有很多人打着政府的旗号、天使投资人的旗号、咨询专家的旗号，专门去坑创业者。他们之中很多人根本没有所说的资源、资金、技术，或者他们真的有这些资源、资金、技术，但在拿到股权之后并不兑现承诺。因此，我们要采取一些措施，避免"引狼入室"。

第六章主要讲如何避免股权中的陷阱。这一章通过股权设计，告诉你如何避免因股权出现的不可挽回的损失。比如，创业好兄弟反目成仇、被股东算计侵吞公司、帮人出资最后被捞钱等很现实的问题。

总之，这本书为中小企业老板量身打造，讲的都是马上能够付诸实践的干货。我们希望通过本书的讲解，切实帮助更多创业者解决燃眉之急，实现业绩倍增。

这本书有一个特点，就是所有创作者都是具有商业思维和实践经验的律师。这些律师都是各地的佼佼者，有丰富的实战经验。众所周知，律师工作强度大，我们还能抽出时间见面讨论问题，不厌其烦地修改内容，是一件很难得的事情。尽管这一过程较为艰辛，但我们确实甘之如饴、乐此不疲。

在本书的创作过程中，上海的李少英律师、山东的刘丽律师、河北的张青律师、天津的常顺奇律师也给了我们很多的灵感和素材，他们也都是非常专业的股权律师。

本书的出版还要感谢我们的优秀客户：齐齐哈尔亿烛保健创始人彭晶、彭欣，山东火龙田记创始人田广俊，施瑞莱洗脸吧创始人刘迪女士、王顿先生，天津火麟炭烧茶创始人任超先生等人。你们的积极反馈，就是对我们股权设计者最大的肯定和支持。

最后，我们衷心地希望此书，能够帮助到更多品质型商家少走弯路，不走错路，达到基业长青。

第 1 章

如何利用股权留住人才

在这个时代，用情感激励人，用文化激励人，用奖金激励人，都不及用股权激励人。股权激励有其无可替代之处：拥有了股权，员工和老板就成了"一家人"，就会为"自己的事业"奋斗。

在狼多肉少、僧多粥少的情况下，如何将有限可分的股份进行分配，才能发挥无限效应呢？人的欲望是无限膨胀的，股东不满足既得股份，我们该怎么办？分股是为了让员工更卖力，而员工尝到股权的好处，索性辞职不干了而只想分红，如何防止这种激励反效果呢？做了股权激励还能收回吗？

第 1 课

一股两分，业绩翻倍

华为公司创始人任正非仅持有华为 1.4% 的股份，其余 98.6% 的股份由华为员工共同持有。有人点评任正非"以众人之私，成就众人之公"，他给员工最多的钱和最强大的精神支撑，激发起员工的积极性，打造了一支攻无不克战无不胜的团队。

华为 2020 年度财报显示，华为 2020 年销售收入为 8914 亿元人民币。华为公司的产品和解决方案已经应用于全球 170 多个国家，服务全球运营商 50 强中的 45 家及全球 1/3 的人口。

1987 年，华为在"无技术、无资金、无背景"的情况下成立，历经磨难，一路前行乃至发展到现在这样的规模，华为员工的战斗力起着决定性的作用。而在这一过程中，华为的员工持股计划总能在发展的关键期发挥作用。

1990 年，处于创业期的华为由于市场拓展需要大量资金，而民营企业的性质却让它陷入了融资困境，于是，华为第一次提出内部融资、员工持股的策略。这一策略一方面减少了公司现金流风险，另一方面增强了员工的归属感，稳住了创业团队。

2003年，"非典"致使通信行业的出口受到了严重影响，华为出现了员工出走思科等现象，华为及时调整股权激励计划，明确了配股锁定期，即员工3年内不得兑现，一旦离开期权即作废，同时，持股份较多的核心员工每年可兑现的比例下降到1/10。该计划的实施进一步强化了股权激励的效果，吸引和留住了核心人才，扭转了当时华为所处的困境。

2014年，华为又一次进行了股权变革，推出了TUP（Time Unit Plan，时间单位计划），即每年根据员工的岗位及级别、绩效，配送其一定比例的期权。这种期权不需要员工花钱购买，周期一般是5年。配送当年没有分红，第二年获取1/3的分红权，第三年获取2/3的分红权，第四年获得全部分红，最后一年在全额分红的同时进行股票增值结算，然后股票数额清零。该计划不仅缓解了员工购买股票的现金压力，同时通过期权方式强化了员工的工作积极性。

股权设计在提高员工积极性和维护团队稳定上有突出的作用，对大企业如此，对小企业更是如此。那么，企业应该如何利用好这一工具呢？

股权设计背后是人性博弈

我曾接触过一位创业者。谈到股权激励，他的观点是："我只和员工分享梦想,永远不会分享财富",理由是,"员工都是忘恩负义的人,他们翅膀硬了就会飞走",所以只要对他们"画大饼"即可,没有必要投入"真金白银"。这番话听起来有些刺耳,现实中持这种想法的企业老板却不计其数。

在产品时代和客户时代,老板们担心员工拿了奖金、提成后,拍屁股走人,所以习惯各种"画大饼"。进入股权时代,纯鸡汤式的"画大饼"已经不好用了,高管分红和股权激励成了标配。然而老板们的担心始终还在,只不过现在他们担心的是,员工会不会在拿了股权后立马套现走人。也不能怪老板们太现实:过去员工看在工资的分上对企业忠诚,现在员工看在股权的分上为企业卖命,是彼此心照不宣的事情。

所以,我常说的是,在股权设计和股权激励里面,最重要的是人性。股权激励看上去是个数字博弈游戏,实际上是老板和员工的人性较量。员工和老板之间的矛盾,不再是"要不要分享财富"和"分享多少"的问题,而是"如何分享"的问题。一个懂人性的老板设计的股权方案,往往能够达到比较好的效果。

有一些企业设计的股权激励,花了很多人力、物力、精力,研究出长达四五十页甚至百八十页的股权激励方案,最后效果却没出来,有的甚至效果很差,连做股权设计的钱都没有赚回来。为什么?

我认为这里面至少有两个原因:

第一,不说"人话"。我见过很多股权激励方案的文件,写得很详细，就是太不接地气。股权激励落实到文件的目的，是要让被激励对象迅速理解，体会到股权激励对自己的种种好处，并且可以马上执行。

很多公司出重金请专家设计股权激励方案，遗憾的是，这些专家为了体现自身价值，所设计的股权方案令人望而生畏——许多被激励对象拿到方案，基本都是翻几下就放弃了。上百页的股权激励方案文件，因为"阅读障碍"丧失了推动力。

第二，忽视人性。很多公司的股权激励，习惯性地把股权分红设置在年底兑现。老板信誓旦旦："好好干，到年底我亏待不了你们！"而听多了"年底兑现"的员工则将信将疑，甚至完全不信。老板怕员工拿了股权走人，员工怕老板只说不做，这都是可以理解且不容回避的。所以，股权设计的重点，是如何让被激励对象相信。

小调整，大收获

那么如何让员工对股权激励计划深信不疑呢？所谓"耳听为虚，眼见为实"，人们都愿意相信自己看到的事实。对此，我的建议是，把兑现时间提前，一股两分，分阶段兑现激励，让员工提前尝到甜头。

然而，年底分红这种股权激励方式，已经不适合现在快节奏的社会发展了——很多年轻员工根本不会为了分红而熬到年底。

我有一个好朋友在经营一家足疗店，之前他的股权激励设计是

第1章 如何利用股权留住人才

年底兑现20%，效果并不理想。后来他找我帮忙，我没有做大量的方案、文案、文件、流程、开会等一系列动作，只是做了一个很小的调整，足疗店的销售业绩立刻在一年之内翻了两倍，员工的收入也随之增加。

我的调整就是，把年底兑现给员工20%的分红，调整为10%分摊到每个月兑现，年底的时候再发放剩下的10%。

可能有的人不相信，这么一个小的调整就能达到这么好的效果吗？事实上，这里面有一个管理学原理。国际著名管理大师、心理学家和行为科学家、期望理论的奠基人维克托·弗鲁姆有个著名的期望理论：激励水平 = 期望值 × 效价。这就是说，激励措施既要有可能性，让员工充分期望，也要确保他们"跳起来，够得着"。而另外一位心理学家阿尔伯特·班杜拉则总结得更到位："相当容易的目标不足以引起很大的兴趣和努力；适当困难程度的目标可以维持高的努力程度和完成该目标产生的满足感，而超过个人能力水平、过于遥远的目标会通过产生失望而降低动机。"这些话落到地面，就是要激励量化。"大家好好干，我不会亏待大家的"，这种激励之所以很难有效果，是因为关联性很模糊，不够具体，没有形成量化。

年底才能兑现20%的分红，在员工看来，有两个疑惑：时间太久，自己能不能熬到？到了年底，老板是不是真给分红？而当月兑现，员工的工作积极性一下子就被激发起来了：只要我在这个时间段努力，收入就会增加，我下个月就可以给自己买个平板电脑，作为对自己的奖励了。在股权设计时，千万不要小看这个"一股两分"。中期激励、长期激励和短期激励之间,如果平衡设计不好,做再多的文件,开再多的会,走再多的流程,最终也无法从内心层面激发员工的工作积极性。毕竟,能拿到手的钱才是最实在的激励。

当然,对于"一分为二"的做法,一些老板会有这样的顾虑:每个月计算利润,计算成本,未免太麻烦。问题是,老板会这么想,员工可从不会这么想。

以我服务过的"曲家饺子"为例,到了每天晚上11点,各店的成本和利润都要计算出来,计算到什么程度?单店卖黄瓜26盘,一盘赚5元;卖木耳8盘,一盘赚3元……凡是不怕计算"麻烦"的企业,竞争力都很强。那些总以计算成本和利润麻烦为理由,不愿及时兑现股权激励的老板,本质上不是对员工不负责,而是对自己的公司不负责。他对年底能否分红心里没底,对公司的经营状况也始终一肚子"糊涂账"。

总结一下,"一股两分"就是把分红兑现的时间,由到年底集中发放的传统做法,调整为50%分摊到每月发放,年底再发放50%。事实证明,这样做的效果非常显著。凡是运用过这个策略的公司,基本上都利润倍增了,员工的工作积极性也被充分地调动起来了。

第 2 课

虚实结合,留住人才

海尔总裁张瑞敏说过一句很经典的话:"只有人才不能被模仿。"他强调,无论在什么行业,人才都是一家企业的核心竞争力,是无法被模仿、无法被超越的。在我接触的老板里,绝大部分人都有"无人可用"的烦恼,现在的招聘平台如此发达,他们烦恼的根源往往不是找不到人才,而是留不住人才。

2017年,成都一起员工集体离职事件曾经在网络上引发了大争论。成都某科技公司的技术总监牵头技术团队骨干集体离职了,老板一夜之间成了"光杆司令"。老板一怒之下,雇人把技术总监打了一顿。

究竟是老板太暴力了,还是技术总监太过分了?网络上形成了两个舆论阵营。一方说,离职是员工的个人自由,老板没有权力,也没有任何理由阻止员工离职,更别提报复了。另一方说,核心技术骨干集体出走对企业来说无异于釜底抽薪,老板一下被逼到了生死关头,做出这样的举动也是可以理解的。

其实,这位老板动用暴力的做法的确不对。不过,他之所以这样丧失理智,是因为他承受的损失绝对不是无关痛痒的,而是毁灭性的。

有资料显示,一名员工离职以后,会增加企业的成本:企业从招聘新人,再到新人顺利上手,仅替换成本这一项,就高达离职员工薪水的两倍到三倍;优秀员工的替换成本则更大。而那些关键岗位员工的离职,给企业带来的往往是"地震级"的后果——关键人才流失了,客户资源流失了,核心技术流失了……企业还能剩下什么?一个空壳而已。

现代企业的竞争关键是人才的竞争,而留住人才是人才竞争的重中之重。那么,怎么才能留住人才呢?现在,很多专家和机构都在宣传这样的观点:要想留住人才,老板要舍得。把钱分出去了,肯定能留住人才。

那么,分钱真的能留住人才吗?

给员工分钱需要技巧

一手打造出 OPPO、vivo、步步高品牌的段永平,是出了名的舍得分钱。据说,当时公司每年年底都呈现这样的盛况:"每到年底分红,他们总是发很多钱,双手拿不了就用报纸包,小报纸包不了就用大报纸。"段永平甚至借钱给员工,让员工买步步高的股权。舍得分钱，自然可以换来员工的卖力工作。不过，这种方式并不绝对。

我的家乡有一家企业的福利不错，但是这家企业的老板有一个奇葩原则：员工在公司吃得好、住得好、穿得好、玩得好，就是拿不到多少钱。我问老板，为什么你舍得让员工旅游，舍得给员工搞活动，舍得给员工配房配车，就舍不得给他们发点儿钱呢？

老板一脸委屈地说："我以前经常给员工分钱。结果，员工拿到钱，都攒了起来；攒够了，就跑了。"

员工有钱后，去干什么了？

第一种，他们有能力，等有了资本，干脆自己去创业当老板了。

第二种，他们知道自己不是创业的料，打定了在职场里一直奋斗的主意，"手里有粮，心里不慌"，或者是抱有"这山望着那山高"的心态，辞职去找更称心的工作。

天下熙熙，皆为利来；天下攘攘，皆为利往。趋利是人的天性。

跟员工分享财富，原本是企业激励人才的手段，却成了流失人才的契机，这是令很多传统企业老板头疼的问题。很多老板感叹："我也不是小气的人，该分的钱也会分给员工，可每次给员工分了钱还不落好。"

分钱得讲究技巧，不能瞎分、乱分。分钱应遵循以下三个策略：

一是分得多。永远比竞争对手多分一点，这样在行业内你就比较具有竞争优势。

二是分得快。你的结算体系比竞争对手快一点，这样别人更喜欢跟你一起合作。一般来说，钱分得越快，员工的动力越大。

三是分得久。企业分钱的直接目的就是不做一锤子买卖,而是持续和员工形成稳固的事业和利益共同体。

奖励和激励双管齐下

前文我们讲了"一股两分",即对分红权做一个小小的调整,就能把员工的积极性调动起来。我们再进一步思考,要想把员工留住,可以再对分红权做一个细微的调整。

我们前面讲的"一股两分"是把员工 20% 的分红权年底兑现调整为将 10% 分红分摊到每个月当中,年底再发放剩下的 10% 分红。为了留住员工,我们还可以把原本年底发放的 10% 分红再分成两部分,5% 当年年底兑现,剩下的 5% 在第二年阶段发放给员工。这就是"一股两分"的 2.0 版本。

如果遇到了非常优秀、非常得力、非常放心的人才,老板还可以进一步执行"一股两分"的 3.0 版本:把激励员工的股份变成两部分,一部分是分红权,另一部分是注册实股。这样可以把员工的利益和企业的利益捆绑在一起,提高员工工作的积极性。

我们在这里普及一个小知识:实股和分红股的区别。

目前可以流通的股票、上市企业的股票,都属于实股,实股是可以进行合同转价的。实股一般只给在公司工作了相当长时间的人,大家知根知底,在退出的时候,会省去一些麻烦,需要法律来界定。

而分红股俗称干股,是指股东不必实际出资就能占有公司一定

第1章 如何利用股权留住人才

比例股份份额的股份。分红股股东的权利往往以有效的赠股协议为前提。赠股协议的效力属于股东之间的协议，对股东具有约束作用，赠股协议的内容也可以在章程上体现。由于股东并没有实际出资，因此股东资格的确认完全以赠股协议为准，而赠股协议可以约定可撤销、无效、解除等，也就是说，企业很容易让员工失去股东资格。

给员工实股，等同于认可了员工的资历和贡献。员工正式变成小股东，企业与员工之间就由雇用与被雇用的关系，转变成了事业共同体，甚至命运共同体的关系。身份的转变会带给员工怎样的体验呢？

2017年，58同城曾发起过一期名为"你的职场中年危机来了吗？"的调研，受访者主要为北上广深及主要二线城市"80后""95后"的主流职场人。结果显示，84.06%的职场人存在"中年危机感"。很多受访者表示，自己一到35岁，就陷入了深深的中年焦虑：自己会不会被淘汰呢？淘汰后能做什么呢？自己失业后，家里的车贷房贷、父母养老、子女教育这些费用怎么解决呢？也难怪职场人士普遍存在中年焦虑。不管是公务员、事业单位招考还是私企招聘，大多数都会注明应聘人员年龄须在35岁以下，有些企业甚至要求应聘人员年龄在30岁以下。

很多企业，尤其是外资企业的职场人士常碰到这样的问题：年轻时，年富力强，又没有家庭的负担，出差、熬夜加班，可以拼命干；到了中年之后，身体机能开始退化，还不得不抽出精力照顾年迈的父母，陪伴幼小的儿女，工作难免分心。结果，在企业里获得的机会越来越少,越来越不受领导重视。

分给员工实股,是把员工作为企业的命运共同体的表现,可以极大舒缓员工的中年危机焦虑。这样,员工就会知道,企业不会抛弃他,他会更加努力为企业奋斗。另外,这样做还能让员工积极站在老板的角度看企业发展,会更加忠诚、敬业、负责,能自动自发地工作,注重效益。

总之,企业将分红权和实股两种股份进行配置分给员工,既可以靠分红权的及时奖励来提高员工工作的积极性,又可以用实股为员工提供一个中长期的安稳保障。及时奖励和中长期激励双管齐下,往往能收到比较好的效果。

第 3 课

连环分红，裂变人才

很多企业在连锁扩张时经常遇到一个问题，也是最难解决的问题：人才的供给跟不上企业的发展速度。

连锁扩张考验的是运营能力

一般来说，企业连锁扩张可以分为三种形式：

第一种形式主要靠产品驱动。

比如，麦当劳、肯德基、汉堡王这些快餐连锁，产品的标准化得到了全世界大部分消费者的认同；由于可复制性强，其也深受加盟商喜爱。对于连锁企业而言，产品的稳定性和可复制性是基础。如果产品有独到之处，就更有吸引力了。

再比如，我们服务过的一个客户"媚芙堂"，它在皮肤修复方面的技术和产品很成熟，加盟者大概用十来个月就能收回成本，随后就开始赚钱了,加盟店操作起来也很容易,所以它的裂变速度非常快,两年的时间就开了600多家店,它就是以产品为驱动的。

第二种形式主要靠服务驱动。

在这里我们主要举两个例子。第一个例子是餐饮代表——"海底捞"。海底捞发迹于四川简阳,火遍全中国,就连韩国、日本都因为海底捞而认为中国的餐饮服务水准达到国际先进水平。海底捞在顾客等餐时,会为他们提供免费水果、茶水,也会提供免费美甲、上网、手机充电、电动车充电、擦鞋等服务;吃饭时送头绳、套袖、围裙、手机套、热毛巾;甚至连卫生间里也有很多免费的服务,比如刷牙、补妆。只有顾客想不到的,没有海底捞关注不到的。

第二个例子是北京元甲律师事务所。北京元甲律师事务所处理交通事故案件非常优秀,为客户提供细致、周到的服务,拥有良好的口碑。这就吸引了很多加盟者,一年可以收到几百万元的加盟费。

第三种形式以运营能力为驱动。

靠产品和服务驱动的扩张相对来说好实现,只要有一个具备中等管理经验的人加盟它,就能够把它的产品或者服务铺向全国。不过,很多时候,以产品和服务驱动的扩张发展到一定规模,就会转为以运营能力为驱动,进而遇到问题。这也是令很多企业老板痛苦不堪的一个问题:我的产品和服务非常好,渠道很畅通,资金到位了,分店也开起来了,就是运营不起来,一段时间不赚钱,只能关门大吉。

这个问题该如何解决呢?答案就是四个字:"以人为本"。

第1章 如何利用股权留住人才

人才裂变是店铺裂变的基础

要想做好以运营能力为核心驱动的连锁扩张,关键是要找到合格的管理人才。没有合格的管理人才坐镇,加盟店的效益很难有保障,即使有再好的资源也很难开下去。一两位能带兵打仗的将军很容易找到,然而几十位甚至几百位遍布全国的将军怎样才能找到呢?

很多企业的常规做法是玩命地培训、打鸡血,拼命激发团队人才的潜能。这是一种比较被动的传统方式,如果能和股权措施相配合,效果就会更有保障。

如何实现人才的连环裂变呢?我给大家分享一个简单易操作的"三六九模式"。

第一步:假如张三是第一家店的店长,老板跟他约定——到了年底,我给你3%的分红权,不过,有一个前提,你必须在一年当中给我培养出一名店长。有了这个约定,不需要老板再花什么心思,张三就会自动"传帮带"挖掘店长。张三把李四培养出来以后,就可以开第二家店了。然后,进入第二步。

第二步:张三去新店当店长,李四顶替他的位置做第一家店的店长。老板可以再和张三约定——你可以继续拥有一店3%的分红权;你还可以购买二店6%的分红权;你到年底培养出一个新店长的话,再送给你3%的二店的分红权。

有了这样的约定,不需要老板督促、管理、约束,张三一方面会尽力辅导李四管理好一店,另一方面,他会尽全力管理好二店。到了年底,张三又培养出了孙五,这时就可以开第三家分店了。

  第三步:张三去三店,孙五顶替他的位置做二店的店长。老板继续跟张三约定——你在二店拥有 6% 你购买的股权,我再送给你二店 3% 的分红权;你可以购买三店 9% 的分红权;如果到了年底,你能培养出一个新店长的话,那么我再送给你 3% 的三店的分红权。

  有了这样的约定,张三肯定会拼命地干。同时,老板和李四、孙五也做同样的约定,他们两人也会努力工作。店长不断培养新店长,新店长又不断培养更新的店长。管理人才不断裂变,店面也不断裂变,在这样的扩张模式下,店铺的扩张速度很快,服务质量、服务水平也非常稳定。

  简言之,老板与其自己去发现和培养人才,不如给予员工股权激励,让人才自己去吸引人才。用人才的裂变去带动连锁的裂变,也可以避免企业出现"虚胖",或者发展过猛的问题。

第4课

股随利走，人才稳定

避免激励沦内斗

有部分公司的职业经理的股权设定是给经理人分红权，并且只给他一个人。然而，现在很多公司都讲究全员持股，会对总经理、副总经理、部门经理、普通员工都进行股权激励。

这种做法有一个明显的弊端：当我们把权利和义务分给两个以上的人的时候，团队内就会发生争功或者互相推卸责任的问题。总经理会觉得企业的利润没有增加不是他的责任，是副总不给力；副总经理就会说，我已经竭尽所能了，是部门经理掉链子。股权比例拉不开，管理者就会互相"甩锅"。

钓过螃蟹的人或许知道，竹篓中放了一只螃蟹，竹篓必须盖上盖子，防止螃蟹爬出来；当竹篓里有了几只螃蟹后，就不必再盖上盖子了——这时候螃蟹是爬不出来的。这是因为，当竹篓里有两只或更多的螃蟹时，每一只螃蟹都争先恐后地朝篓口处爬，但是篓口很窄，当一只螃蟹快爬到篓口时，其余的螃蟹就会用威猛的大钳子抓住它，把它当垫脚石，踩着它向上爬，如此循环往复，最后，没有一只螃蟹能成功爬出。这就是管理学中的"螃蟹效应"。

螃蟹效应告诉我们，在相互扯后腿的团队里，1+1<2。随着"1"增加到N，最终的能量"和数"会远远小于N——整个团队都丧失了前进的动力。避免出现螃蟹效应的方法之一就是制造"马太效应"，即让强者愈强、弱者愈弱，"凡有的，还要加倍给他，叫他有余；没有的，连他所有的也要夺过来"。这一效应在股权设计上的体现就是用分红权激励总经理，并且是大比例地激励。总经理下面的员工让总经理自己去想办法管理。这样，一方面，老板非常省心，他只需要管理好总经理就好了，两者的关系一般能处得非常融洽；另一方面，总经理有足够的权力和责任，他能更好地发挥自己的潜能，他的心态会更积极，业绩也会更稳定。

把协议签成弹性的

分给经理人大比例分红权，是一个有效的激励方法。那么，这个大比例应该是多少？又怎么分呢？

对于一个新上任的经理人来说，老板给他20%的分红权，他会非常开心，因为假如公司原本一年就有1000万元的存量利润，他不用付出多少努力，只要保证公司正常运营，就能拿到200万元。但

第1章 如何利用股权留住人才

是，当公司在他的努力下，利润连番增长，到了3000万元或者4000万元的时候，仍旧让他拿20%，他心里就开始不平衡了，尽管收入依然在增加，但他会觉得自己的付出值得更高的收入。分红比例的变动可能会引起经理人情绪的变动，因为分红比例代表着经理人在公司的地位。当收入高到一定程度，经理人更在乎的是自己在公司的稳固地位。持续的激励，意味着老板还在重视自己。

为了解决这个问题，一个有效的方法是跟经理人把合同签成弹性的，让经理人的分红比例跟业绩增长挂钩。比如，当企业的利润每增加1倍的时候，给经理人的分红权增加5%。经理人在公司利润为1000万元的时候，分红权是20%；当他努力把利润做到2000万元时，他的分红权从20%增加到25%；当利润为3000万元时，他的分红权增加到30%；当利润为4000万元时，他的分红权增加到35%。在"水涨船高"的设定下，经理人会更有奋斗目标，也会更有动力，他会想尽办法提升公司的利润。

一般来说，当经理人的分红权达到接近50%的时候，就可以停止激励了。这个时候，他的心态会非常稳定，他不会再想自己去创业当老板，因为他这时候的收入比老板少不了多少，所要承担的责任却少了很多，如果自己创业的话，反而会担负很多未知的风险。同时，他继续努力的动力一点儿不会少，因为他的收入跟他的努力基本是持平的。这就叫"股随利走，人才稳定"。

第5课

上策为买，钱从哪来

案例

我的朋友老张开了一家饺子店。餐饮行业有一个规律：餐馆刚开张的时候，人们贪图新鲜，生意往往都很火爆，但几个月后，生意会骤然冷淡下来。老张的饺子店也是这样，眼看着生意冷清了，有的员工消极怠工，有的员工干脆辞职了。唯独一个李大姐很负责，她还是像以前一样兢兢业业地做着自己的分内事。

老张很感动，他脑袋一热，对李大姐说："我决定送给你30%的股权，你好好干。"李大姐没说什么，老板让她签字她就签字，很快走完了流程。老张这下放心了，他觉得李大姐肯定会死心塌地好好管理这家店。然而，两个月后，李大姐辞职了。老张很郁闷：不是说股权能留住人，能激励人吗？怎么到我这里就不灵了？

问题究竟出在哪儿呢？

在这个案例中，老张认为，李大姐凭空得到了饭店30%的股权，等于捡了大便宜。李大姐认为，饭店现在不赚钱，拿到的股权根本就不值钱。饭店未来会不会赚钱，她也看不到，自然毫不留恋地辞职了。

最有效的激励是让员工购买股权

股权激励有一个通用的原则："上策为买，中策为借，下策为送。"作为公司创始人，你的眼界要宽、格局要大。你想把股份分给和你打拼多年的伙伴，这个出发点是好的，也是有发展眼光的。不过，分股权要讲究技巧，最好的办法是让伙伴自己掏真金白银来买这份股权，其次是借钱给员工让他来买股权，下下策才是直接把股权赠送给对方。

为什么股权最好让员工购买而不要轻易赠送呢？

第一，对方对于白得的东西往往不知道珍惜。心理学中的"不值得定律"告诉我们，一个人如果觉得一件东西不值得，就不会珍惜；一件事情不值得去做，那么就一定做不好。

第二，对方会想公司赚钱了，这份股权算是意外之财，公司赔钱了，他也无所谓。他没有压力，也就没有动力。正所谓"钱在哪儿，心在哪儿"。

在企业经营中，老板有心拉拢看中的人才时，千万不要学开饺子店的老张，把股权当不值钱的东西说送就送，这对老板和受赠方都是一种伤害。

第1章 如何利用股权留住人才

看过《水浒传》的人大概还记得这个细节：林冲被逼上梁山时，当时的寨主王伦对他提了一个要求：你想留下来可以，但是你得先交一个"投名状"。

什么是投名状呢？梁山是个土匪窝，土匪的投名状就是下山去杀个人，这样你跟大家一样都成了作奸犯科的人，才有资格成为我们自己人，大家对你才放心。在古代，投名状对于某些组织的凝聚力是非常重要的。

场景转换到现代化的公司中，大家都是文明人，不需要打打杀杀。但是，公司是老板自己掏钱辛辛苦苦建立起来的，你想入伙，就要掏点儿钱出来表忠心。只有员工自己掏腰包了，双方才叫真正捆绑在一起。

然而在现实中，我认识的一些老板有点儿接受不了"让人掏钱买股权"这件事。他们觉得这种做法有卖股权的嫌疑，太违背自己豪爽、大气的风范了，也违背了自己跟对方示好的本意。

身为企业老板，这种思维一定要趁早扭转过来。让对方掏钱买股权，不是为了赚他的钱，而是把公司赚钱的机会跟他分享。你要清楚这样做的目的是让他铁了心和你好好干！员工掏钱买公司的股权，也是对公司的认可，表明自己愿意同公司共进退。

"跳起来够得到"的股权激励

在实际执行中，让员工掏钱买股权，最大的问题是有些员工拿不出来那么多钱。遇到这种情况，老板是不是就没法执行"上策"了？其实不然。这时，只需灵活变通一下即可。

案例

一家企业老板曾经找到我，说他的同学跟他一起干了十几年，同学人品非常好，能力也非常强。他想分一些股权给同学，一方面，他想把手中事务大部分转交给同学，自己就不用那么累了；另一方面，他也想稳定同学的心，让他在这里踏踏实实地再干几十年。老板表示愿意拿出10%的股权给同学。

当时，这家企业的效益非常好。按照估值，这10%的股权价值200万元，对方肯定拿不出来这么多钱购买。按照"上策为买，中策为借，下策为送"的原则，又考虑到对方的经济情况，我们做了这样的设定：

第一步：先让对方拿出10万元购买企业10%的分红权，而当时企业一年的利润是200万元，这相当于买一送一。老板面子上好看，对方在经济上、心理上也很容易接受。

第二步：每年年底，对方拿出10%的分红购买公司1%的股权，持续10年。

第三步：10年到期后，对方拿到了全部10%的股权，他就可以拥有这份股权的完整权益，包括分红权、增值权、处置权、表决权等权益。

第 1 章 如何利用股权留住人才

要想把员工的潜能发挥得淋漓尽致，就需要公司管理者在激励设计时制定一个员工跳起来才能够得到的目标：这个目标必须跳起来才能完成。这就意味着，这个目标要具有一定的挑战性。员工只有积蓄能量，在奋力一跃时，才能实现。

这个目标必须是够得着的，即目标是可操作的。如果跳起来还是够不着，员工就会产生畏难的心理，这就无法实现激励员工的目的。

企业老板不直接把股权赠送给对方，而是给对方一定的股权兑现期和行权期，让对方通过自己的努力一点点把股权买进来。这种做法等同于给员工制定了一个"跳起来够得到"的目标，有心在企业长期工作的员工是会乐意接受的。

设置"跳起来够得到"的股权，旨在营造一种股权价值感——股权不是谁想要就可以得到的。获得股权的前提是，必须为企业做出一定的业绩或者贡献。

一块肉能引起一群老虎的竞争。"有偿"的股权反而更能吸引员工的自主竞争。尤其是对能力很强的员工就可以采用这种股权激励方式，既可以增强他们对企业的认可和他们对企业的归属感，也可以更好地留住人才，让他们为企业创造更大的价值。

总之，给员工股权激励的时候"上策为买，中策为借，下策为送"。即使是再亲近的关系、再长久的关系，你一旦赠送给对方股权，将不仅无法起到预期的良好效果，很可能还会适得其反，事与愿违。因此，最好的办法是让员工自己来买股权，在员工没有足够的钱的情况下，再应用折中的方式。

企业老板可以给员工一定的行权期，让他们用每年的分红去购买实股，这种做法用专业术语讲叫"分红回填"。在这样的设定下，对方不会有太多的经济负担，却又跟公司发展紧紧绑定在一起——他们努力提升企业业绩，就能拿到更多的分红，并且能尽早拿到公司的实股。

像本书第 2 课"虚实结合，留住人才"所讲的那样，对方既能享受到及时的奖励，又有中长期的安稳保障。因此，他们可以全身心地投入到工作当中，并且想方设法地为企业节约成本、凝聚员工、拓展客户。已经有太多的事实证明了"分红回填"的股权激励方式效果非常明显。

第 6 课

股金退还，人走股收

有"世界最具影响力十大华商人物"之称的李嘉诚说过这样一句话："做生意似划艇，我一定会想：有没有足够气力由 A 到 B？又想：有气力划回来吗？我凡事必有充分的准备，然后才去做。例如天文台说天气很好，但我常常问我自己，如 5 分钟后有台风，我会怎样。在香港做生意，亦要保持这种心理准备。"

李嘉诚做生意主张：未买先想卖。在还没有买进来的时候，就先想好怎么卖出去。总之一句话：要有危机意识，目光要长远，要提前做好充分的准备。做股权激励亦同理，老板让员工买股权之前，也要有这样的长远眼光：要先想清楚，员工买了股权之后，会有哪些不利的影响。不能只想着股权激励前期能带来的好处，而不去考虑后面可能带来的灾难。

这样做的老板会被架在火上烤

案例

周老板在一座地级市开了一家餐饮店。开店之后，他听了几次股权激励的课，在还没有想好退路的情况下，就贸然在店里推行了股权激励。很快，他就陷入了骑虎难下的尴尬境地。这到底是怎么回事呢？

周老板按照股权激励"上策为买，中策为借，下策为送"的通用原则，给下属做了不少思想工作。在他的动员之下，店里一个水平非常高的厨师自己掏钱买了20%的分红权，店长买了30%的分红权。

周老板很开心，一个人管后厨，一个人管前厅，两个人都拼命地干，激励效果显而易见：菜品的质量更有保障了，用餐环境和储值卡销售也都上了一个新台阶。

到了年底，餐饮店利润达到了100万元，厨师分到了20万元，而他的工资一个月才8000元。分红比工资总额还高，厨师自然很开心。第二年，店铺利润达到了150万元，厨师分到了30万元，他自然是更加高兴。

在高兴之余，厨师有了新的想法：没日没夜地炒菜，一个月才挣8000元；拿分红的话，自己什么都不用干，一年就能分到20万元，那么自己何必这么辛苦地工作呢？于是厨师就跟周老板说，厨师的活儿我不干了，我以后只当股东。

第1章 如何利用股权留住人才

> 周老板之所以卖给厨师股份,就是看上了他的厨艺,想激励他卖力干。没想到,换来的却是厨师的辞职信。厨师白拿店铺利润,周老板自然不乐意。
>
> 在各种好言相劝无果之后,周老板只好摊牌了:"你不干厨师,就不能分红了。我把你买股的钱退给你。"这时候厨师不同意了,他说:"我咨询过律师了,我自己花钱买的股份,我不卖就有权利拿分红。"这下,周老板傻眼了。确实,按照协议,厨师不干了,可以照样拿20%的分红。
>
> 周老板不肯亏本,厨师也不肯让步,最终,两人对簿公堂,闹了个不可开交。

我们来仔细分析一下上面的这个案例。如果厨师同意周老板退还他的股金,那么,这个股金是按照入股的时候买进的价格算呢,还是按照当下店铺的估值算呢?经过几年的发展,店铺的价值增长了,当下的估值肯定要比之前的高,如果双方无法达成一致,就很有可能还会引发一场纠纷。

客观来说,在这件事上厨师没有错:我买了分红权,你这个店只要开,我就应当拿分红。周老板也没有错:我是因为看中你的长处能带给我价值,才愿意分红给你,如果你的长处我用不到了,或者不能发挥作用,我自然就不想再分红给你。

那么,错在哪里呢?错在股权激励协议条款的设计遗漏了重要的一点:"股金退还,人走股收。"

股金退还是一个伟大的发明

"股金退还,人走股收"就是在签订股权买卖协议时,要讲清楚:当公司赚钱了进行分红的时候,优先退还购买分红权所用的股金,而不是给分红的利润。也就是说,你用 10 万元买了公司 20% 的分红权,年底分红时先把这个钱给你退回去,然后你在岗期间可以持续享受 20% 的分红权。

在这样的设定下,你想辞职不干,还能享有股份,这是不行的,因为你的股金已经退还了。如果你要继续干下去的话,可以继续享有分红。随着公司的利润增长,你的收益也会不断增长。

周老板只需要在协议里写明"如果在劳动合同期限内主动离职,需要将已取得的相应收益退还给公司",就可以避免像上述案例中的棘手情况了。如果没有协商好,股东单方面提出了辞职申请,公司可以不开离职证明,直到对方同意退还股权为止。

很多人觉得,为什么那么麻烦,又买又退的,干脆实行岗位股好了。

什么是岗位股呢?顾名思义,就是根据岗位设定的股份,人在股在,人走股收,它不会出现人不在岗位上,还享受公司股份的问题。岗位股一般不需要员工掏钱买,只要在这个岗位上,就享有这个岗位上的分红权。

第 1 章 如何利用股权留住人才

按照我们前面说的"上策为买,中策为借,下策为送",员工不需要任何付出就能得到岗位股,他就不会珍惜,也不会因为它而努力工作。这种分红更像是福利,很难起到激励的效果。

岗位股的好处是股权纠纷处理起来比较方便,比如员工提出了辞职申请,公司也批准了并且出具了离职证明之后,公司还可以要求员工返还已经支付的股权收益及相应的利息。

根据《中华人民共和国民法典》第六百六十三条规定:"受赠人有下列情形之一的,赠与人可以撤销赠与:(一)严重侵害赠与人或者赠与人近亲属的合法权益;(二)对赠与人有扶养义务而不履行;(三)不履行赠与合同约定的义务。赠与人的撤销权,自知道或者应当知道撤销事由之日起一年内行使。"

如果公司与员工签订"股权确认书",而员工单方面闹离职,公司是可以这么操作的。

股金退还可以说是股权激励中一个非常伟大的发明:

第一,它既符合上策为买的原则,让员工死心塌地跟公司站在同一战线上,又能起到很好的激励作用。

第二,公司在员工离开的时候,可以顺利收回股权,不至于陷入周老板那样骑虎难下的境地。

第三,因为协议中有了明确的规定,双方的权益都能受到法律保障,这就减少了纠纷。

第四,公司老板在人情、道德、道义、诚信等方面都占理,能有效避免损害老板名誉和公司形象。

一般来说，员工既然同意自己掏钱买股份，在年底拿到了钱，就会皆大欢喜了。他不会追究这笔钱是退还的股金，还是利润的分红。因此，"股金退还，人走股收"，操作起来比较简单，推行起来也比较容易。

第 2 章

如何利用股权实现融资

中小企业要想向银行或其他金融机构贷款，繁杂的手续、苛刻的贷款抵押和担保条件、居高不下的贷款成本，任意一条都是他们难以承受的。中小企业融资难、融资贵的问题由来已久，虽然国家陆续出台了一系列解决政策，在一定程度上缓解了中小企业融资困境，但融资仍旧是限制很多中小企业发展的瓶颈。

在这种形势下，利用股权融资就显得格外重要，它能在很大程度上缓解中小企业融资难的问题，为中小企业的发展提供机会。然而，股权融资并不是一件容易的事情。如何洞察投资人的心思，让他们放下心理戒备，顺利融资呢？

第 7 课

优先回本,大钱小股

相信很多人都还记得这件社会新闻:2016年4月14日下午,山东聊城女企业家苏银霞因借高利贷,被11名催债人催要欠款,在其公司接待室被催债人限制人身自由,并进行侮辱。在被控制期间,当晚22时许,因不堪母亲被辱,苏银霞的儿子于欢持刀将侮辱自己母亲的4名催债人捅伤,其中一名因失血性休克死亡。向高利贷借钱是一步险棋。苏银霞先后向地产公司老板吴学占共借款135万元,这两笔借款的年息高达120%,远远超出法规划定的民间借贷"红线"。

其实,企业遇到资金周转困难,除了向银行贷款、民间借款之外,还可以利用股权融资。股权融资比起传统融资方式,不仅风险低,而且效果好。

融资在这个时代变得很流行。融资看上去很容易,实际上却很难。成功融到资金的人所占比例并不大。有人说,中国创业公司的失败率高达 90%，因此资本在投资的时候都显得格外谨慎。在这种情况下，创业者如何才能成功融资呢？创业者又该如何利用股权融资呢？

股权融资三步骤

　　股权融资其实就是一个自我销售的过程，我们要想让别人来投资，也就是让别人心甘情愿地掏腰包。我们必须了解投资人的心理，这对企业融资是有百利而无一害的。

　　那么，投资人最关心什么？投资人投资最根本的初衷是赚钱。因此，在选择投资项目时，他们会着重考虑三点：投资金额、投资回报率、风险系数。

　　我们在股权融资时，如果从投资金额、投资回报率、风险系数入手，并考虑相关问题，就能少走很多弯路。

　　首先，我们要根据需要的投资金额寻找合适的融资对象。

　　一个项目需要融资 50 万元，你找口袋里只有 10 万元的小天使投资人就不太合适，找最低投资额 1000 万元的大型投资机构也不合适。第一种人解决不了你的问题，第二种人不愿意为你投资。因此，我们根据自己需要的投资金额去确定融资对象，这个金额既是他能承受的，也是他愿意去投入的。如此，我们的融资速度会加快很多。

　　其次，要用合适的投资回报率吸引投资人。

　　一般来说，投资风险越大，投资人对投资回报率的要求就越高。

也就是说，如果投资回报足够高，投资人就能容忍更高的风险。因此，在一个项目急需资金的时候，我们就可以把回报比例设置得高一点，这样就更具吸引力和诱惑力。风险高一点，也可以成功融到资金。

最后，要用低风险来提升投资人对低回报的容忍度。

有一则华尔街格言：市场被两个因素驱动——恐惧与贪婪。第一种因素，我们针对的是投资人的恐惧心理。第二种因素，我们针对的则是投资人的贪婪心理。而投资人的恐惧心理表现为：我能不能赚到钱？能不能保证本息安全？能不能保证到手的利益？

如果项目的回报率较低，我们可以在降低投资风险上做文章。如果项目的风险系数足够低，我们不用给太高的回报，投资人也会愿意投资。原因在于，对于投资人来说，如果资金足够安全，回报率只要比银行高，他们就会很乐意接受。

以时间换资金

股权融资的前两步都很容易实现，最有操作难度的是第三步——降低投资风险。这里就要用到本书的第7课：优先回本，大钱小股。

通常，如果一家公司经营失败，宣布破产，按照我国法律规定，剩下来的钱首先要拿来偿还债权人的债，其次是支付员工的工资，接下来是缴税，最后剩下的钱才是股东的。在股权融资的设计上，可以反过来约定，让投资者优先收回投资，对投资者许下承诺：作为融资人，我会想尽一切办法保证你收回投入的资金，公司的法定公积金、法定公益金或者小股东的回报，甚至于我的工资都排在后面，只要公司有营收回来，我就优先让你收回投资。

优先权的设计有效降低了投资者的投资风险。在回报率不够吸引人的时候，我们可以使用这一方法。另外，这也适用于投资者投入大笔资金却占小股份的情况。

一个项目需要100万元，融资人只需投入20万元，由投资人出资80万元。不过，投资人却只能占20%的股份。一旦有了优先权设计，投资人就会愿意接受，这是为什么呢？我们需要从投资人的心理来考虑这个问题。

项目所需的80万元对投资人来说是闲钱。在他们眼里，这笔钱放在银行的回报非常有限，因此投资人迫切需要把这笔钱投出去。

项目的投资回报率不够吸引人，却能在极短的时间内收回投资。如果投资收回的周期短、风险低，再考虑到这项投资的回报率比银行高得多，投资人自然就会很容易接受。

在我们参与的项目中，美容、餐饮、服务、养生保健这类行业使用优先权设计的情况较为普遍。这是因为这类店铺开张后，通常的做法是率先进行众筹，如会员众筹、储值卡众筹、产品众筹、项目众筹等。如果店铺运转良好，那么最多只用一年的时间，最短只需两三个月的时间，投资人就能收回投资。这对投资人来说，具有巨大的诱惑。

第 2 章 如何利用股权实现融资

> **案例**
>
> 我的一位客户在唐山迁西开了一家汽车美容会所,在我们的设计下,他成功融到了资金。公司的运营者,即融资人在整个项目中只花了486元钱买了几串鞭炮,其他的资金都是投资者投入的。
>
> 由于前期造势很成功,会所成功地发放了不少洗车年卡、会员卡、股东卡、储值卡等,会所积攒了很高的人气。因此,在会所开张后的一个多月的时间里,投资者就收回了投资成本,获利颇丰。融资人也很满意——他借助别人的资金解决了运营前的资金问题,让会所成功运转起来了。这样一个简单的优先权设计,实现了双赢。

做生意并不绝对排斥资金短缺者。它需要我们既要用好自己的资本,又要善用别人的资本;既要活用今天的资本,又要巧用明天的资本。如此,我们才能少花钱多办事,不花钱也办事,花别人的钱办自己的事。在做生意中,让自己占尽先机。

那些思想还停留在"谁出钱多,谁占大头"的老板,要及时更新自己的观念:过去,如果公司启动资金是100万元,出资80万元的股东即使不参与创业,也可以占股80%;现在,只出钱不干活儿的股东"掏大钱,占小股"已经成为共识。过去,股东分股权的核心甚至唯一依据是"出多少钱","钱"是股权分配的最大变量;而现在,"人"才是股权分配的最大变量,即使创业者没有充足的资金,也照样可以当大股东。

对于全面参与创业的合伙人团队来说，并不是在创业时谁出钱多，谁就理所当然地当大股东。现代合伙创业的股权应该设为资金股与人力股两种，正确的做法是资金股比重小，人力股比重大。

如果资金股占股权比重较大，就会导致这样的现象发生：资金充足但缺乏能力的合伙人成了公司的大股东，有创业能力但资金不足的合伙人只能充当公司小股东的角色。一旦没有能力的人成了公司的决策者，将会不胜其任，这对公司的发展是极为不利的。

所以，合伙创业要把资金股控制在 10%~20% 之间，让人力股占大头，并和股东约定好分红的时间，让有能力的人带领企业去打拼，根据业绩指标去考核其大股东地位。

第8课

终生锁定,投资放心

小米创始人雷军在从金山辞职到创办小米期间做过几年的天使投资人,他投资有一个原则:"人靠谱比什么都重要。"对他来说,投资最重要的就是投对人,人对了,其他的都好说。如果必须要在人和项目之间做个取舍,人更具有决定意义。

雷军作为天使投资人,投资了多家创新型企业,这些融资人大都听过雷军的这句话:"无论你做什么,我都投。"他们后来一直追随雷军,于是有了"雷军系"的说法。

股东眼里永远是人靠谱最重要

马克思说过,在生产力的三要素(生产资料、生产工具、劳动者)当中,劳动者起到主导作用,因此,人是最重要的。

俗话说,事在人为。所有的事情都是靠人去实现的。人靠谱,事才能办成功；人不靠谱，再好的事也办不成。因此，投资人会觉得抓住人就是抓住了关键，他们会把融资人作为一个重要的考核指标。

《三国演义》中，与关羽比较，吕布的武力值只会高，不会低，正所谓"人中吕布，马中赤兔"。然而，爱才惜才的曹操在活捉了吕布和关羽后，却实施了截然不同的对待方式。他二话不说就把吕布杀了，却百般讨好、拉拢关羽。同样是英勇善战的武将，为什么遭遇了曹操不同的对待呢？

因为关羽身上有"忠、和、义"的优良品德，而吕布却不具备这种品德。后来故事的发展证明了曹操是一个慧眼如炬的"投资人"，虽然关羽对刘备忠心不贰，但他对曹操也知恩图报——在华容道放了曹操。成熟的投资人会把融资人的品德作为决策的重要参考。创业者可以抓住投资人的这一思维特征，在做融资设计时，把自己作为筹码考虑进去。

有些股权融资人向投资人承诺：假如这个项目半路夭折，投资收不回来了，我向你保证，以后但凡是我创业的公司，仍旧会继续兑现承诺给你的股权，或者是优先让你收回投资。也就是说，即使我第一次创业失败了，我第二次创业时，也会把你的权益预留出来，继续兑现你第一次投资的股权和收益；如果第二次又失败了，我第三次创业的时候，依然会继续兑现你第一次投资的股权和收益。

在做股权融资时，我们先用第7课中提到的策略——许诺投资人让他优先收回投资。一般来说，百分之八九十的投资人都会愿意投入大部分资金占一个小的股权比例，有一小部分人仍旧会犹豫不决，这时，我们就可以使用这一节提供的策略——"终生锁定，投资放心"，把投资人和融资人紧紧捆绑在一起，这样能进一步增加投资人的安全感。当然，不能仅口头承诺，要用实力去回报股东。

不要轻易挥霍投资人的信任

对投资人来说，最糟糕的情况是，融资人三番五次的创业都失败了。于是，融资人从此心灰意冷，不敢再创业，而是去打工了，那么这笔投资投资人就永远收不回来了。

"投资有风险，入市需谨慎"。但凡投资都不可能是百分之百成功的，因此，所有投资人都应该有一定的风险承受能力，要进行风险承受能力评估。在对融资人进行调查了解后，投资人对融资人是否可以合作、是否能成事做出判断。同时，他们也会对出现最糟糕的情况的概率做出判断，如果概率不是太高的话，他们一般都会答应投资。

对融资人来说，终生锁定的股权设定的最大好处就是，让自己不至于因为一次创业失败而背负一身债务。创业公司大部分是有限责任公司，即使创业三番五次地失败，融资人也只需以资本金为偿债底线，承担有限偿还义务。那些超出资本金的部分就不用再偿还了，因为公司债务和个人财产是完全分开的。从这个角度看，对创业者来说，股权融资的风险比债权融资的风险小很多。这是因为债权融资需要创业者本人用自己的存款、车、房子等做担保，公司破产的话，融资人自己的个人财产也会付诸东流。

股权融资听上去像是创业者把风险转移到投资人身上。能做到这一点，一个重要前提就是让投资人相信融资人。

2010年4月，雷军创立小米。2010年底，小米就完成了第一轮融资，金额为4100万美元。这时的小米产品还没成形，所谓的互联网运营模式还是一片虚幻。然而雷军却能拿到大笔融资。雷军融资的成功涉及很多因素，他在业界的"诚信""实干""勤劳""负责"的良好形象和声誉，在其融资的过程中起到了至关重要的作用。

古语云：人无信不立。在股权设计上下功夫只能解决一时的问题，融资人需要在日常工作中一点一滴地建立起自己的诚信体系，这才是对投资人具有最大吸引力的。说到底，股权融资过程是投资人与创业者之间构建互信的过程。获得投资人的信任来之不易，创业者不要轻易挥霍投资人的信任。

> **案例**
>
> 1998年出生的王凯歆高中辍学创办了一个叫"神奇百货"的电商平台。2016年1月，王凯歆参加创业真人秀节目获得了经纬中国领投，真格基金、创新谷跟投的2000万元投资。资本玩家一度夸王凯歆做生意经验丰富，前途无量。然而仅仅几个月后，2016年10月，神奇百货官网便停止访问，王凯歆被指侵吞公款600万元，登上投资人的黑名单。

第 2 章 如何利用股权实现融资

> 2017年7月4日,王凯歆在个人微信公众号上发文《98年鬼才少女新项目来袭》,宣布进军"大健康"方向。结果不到一天,其微信公众号就因"涉嫌欺诈"被封。王凯歆迅速"跌下神坛"的根源在于她辜负了股东的厚望:公司数据造假、态度嚣张跋扈、毫无信用、闪电搬家、非法辞退员工、公款私用……

与"70后""80后"创业者相比,有很多"90后""00后"可能因为很容易获得资本而不珍惜,头顶着"商业天才"的光环,实际上根本没有那个实力。这些年轻CEO(首席执行官)拿了钱却不干正事或没能力干正事,确实加重了投资人的谨慎心理。

俗话说,出来混总是要还的。因为你的"人设"能够拿到投资,本身就是一件值得庆幸的事情。如果你还不珍惜,就只能用自毁前程来形容了。

第 9 课

产品回报，投资不亏

仅仅靠承诺和自己的人品担保，是不足以吸引到对融资者本人不太熟悉的股东的。这时候就要启动新的策略："产品回报，投资不亏"。这是一个超级有效的策略，并且适合多种行业。它操作起来很简单，创业者只要向投资人许诺：只要你来投资，我就会附送一定价值的产品或者服务作为回报。

以法律咨询行业为例。成立一家公司需要 100 万元，如果前面两条融资策略你都用过了，还是没有用，就可以对投资人许诺：你投资我 80 万元，我给你 20% 的股权；同时，我还送给你价值 80 万元的法律咨询服务，担任你或者你的公司一年甚至三年的免费法律顾问。

对投资人来说，如果可以得到同样价值的产品或服务，就等于投资没有亏本。投资人其实比融资者更精明。一般情况下，一项投资不仅能收回股本，获得远超过银行存款的高收益，还能得到额外的产品或服务,他们才肯投资。

没有不值钱的产品,只有找错的股东

一般情况下,"产品回报,投资不亏"这一条计策基本上可以彻底打动投资人,让他毫不犹豫地投资。不过,这一计策的实施有一个前提:我们附送的产品或服务恰好能够满足客户的刚性需求。

比如,法律服务是投资人恰好需要的。他每年支出的法律服务费用在80万元左右。如果没有投资这件事,那么这80万元他是必须花的。如果以投资的形式,他既可以获得股份,还可以得到法律服务。其中一件事是免费得到的,他自然乐意。但是,如果投资人不需要法律服务,他每年在法律服务上的支出为零,这时我们再用这条计策,效果就很有限了。

有这样一个寓言故事,很是发人深省。

小张走在路上,看到一只长相奇特的青蛙。青蛙突然对他说:"先生,请你拍拍我的头。我会变成公主,我会给你一个拥抱。"小张把青蛙捡起来放入口袋,继续走。青蛙又说:"请你赶快拍拍我的头,我愿意永远陪伴你。"小张把青蛙从口袋拿出来,看了一下,放回口袋继续走。青蛙又说:"怎么回事?你要怎样才能按我的要求做呢?"小张把青蛙拿出来,对它说:"我很爱我的妻子,我不会背叛她。但是,有一只会说话的青蛙,就很酷。"

故事中的青蛙以利益诱人,却没能打动小张,根本原因是它找

第 2 章 如何利用股权实现融资

错了人,它给出的回报不能满足小张的要求。

同样的道理,如果你用了"产品回报,投资不亏"这一策略,仍旧没能打动投资人,很可能是因为你找错人了。你给一家制鞋厂赠送园林设计服务,给一家汽车厂赠送债权追索服务,他们不仅不会乐意投资,很可能会气愤地把你赶出来。

我们在找投资人时,一个有效的方法是,在不同区域找到以前积累的 10 个或 20 个优质大客户,用相应的融资策略说服一人出一笔钱投资。如果我们能找到 10 个人,就可以开 10 家店;如果我们能找到 20 个人,就可以扩张 20 家店。这样我们在股权融资的同时,又快速地扩张,可谓一举两得。

舍得,舍得,有舍就会有得

有些老板听到这个策略时,很不理解:"这么做我是不是亏了呢?"这样做真的亏了吗?老板应该很清楚,不管是做服务的,律师也好、美容也好、整形也好,还是做产品的,空调、衣服、牙膏等,附送给投资人的 80 万元的服务或产品很可能成本也就 10 万元到 20 万元。将这部分付出计入融资成本,是完全可以接受的。

另外,通过附赠产品和服务,即使不能将他们转化为投资人,至少也可以把对方"绑定"在自家的船上——以优质的产品和服务打动对方,把对方转化成我们的高度忠诚客户。"二八法则"告诉我们,20% 的老客户能给我们带来 80% 的利润。

忠诚客户还能使企业获得更高的长期盈利能力。客户的忠诚能有效降低营销成本，有利于企业巩固现有市场，忠诚客户的口头传播还可以扩大产品知名度，提高企业形象，忠诚客户还能帮我们转介绍业务为我们的销售助力。总之，获得一个强有力的忠诚客户，对于企业而言是一件好事。

> **案例**
>
> 我有一位客户开了一家美容会所，业务主打高端美容和微整形，一个全系统的疗程做下来就要20万元。他找到一个优质大客户，跟她讲：我要开一家店，需要50万元的投资，你来投资的话，我给你价值50万元的服务，每年还能拿店里20%的分红。
>
> 这个优质大客户很容易就接受了投资条件。有了这50万元的服务，她未来两三年都会时不时地来店里。如果对服务满意的话，她自然会帮助会所传播推广，并会积极帮会所介绍客户。

我们常说，舍得，舍得，有舍才有得。在没钱、没资源的时候，我们要把股权舍出去，把自己舍出去，把产品或服务舍出去，就得到了赚钱的机会，得到了忠诚的客户，得到了我们想要的一切。当我们紧握双手时，手里面什么也没有；当我们张开双手时，世界就在我们手中。

需要提醒的是，虽然要舍得，但不是把控制权交出去。

第2章 如何利用股权实现融资

案例

当年,索尼在进军美国市场的时候,各种尝试都失败了。就在盛田昭夫充满挫败感的时候,一家大公司的负责人主动找到了他,提出要和索尼合作并投资索尼。对方一开口就是:"先订货10万台,帮着经销。"盛田昭夫简直不敢相信自己的耳朵,这可是一笔大订单!这相当于过去公司一年的收入。

对方有渠道、有资金,销售没有问题,投资扩大再生产也没有问题。对方只有一个条件:产品要以对方的品牌出售。对方说道:"我们并不是有意要占你们什么便宜,只不过索尼在美国不出名,而我们的品牌在美国已经有几十年的历史了,用我们的品牌能更好地促进产品的销售。这对双方都是非常有利的。"

索尼的合伙人表示同意接受对方的条件。然而,经过一番思索之后,盛田昭夫还是决定拒绝对方。当时的索尼刚刚起步,缺乏资金,现在终于能见到资金了,盛田昭夫却推开了。

合伙人都很生气,他的好搭档井深大也表示困惑。盛田昭夫扛下了种种压力,因为他有一个信念:不能因为渠道和资金的诱惑,就失去了产品的主导权。在他看来,索尼的收音机、录像机、电视机和索尼品牌更值钱。

有一种投资叫"乘虚而入",即假投资真收购。融资人可以主动承诺产品回报,需要注意的是,如果这个建议是由对方提出来的,就要谨慎考虑了,尤其是股东名下有相关产业的时候,一定要弄清他的真实目的。

第 10 课

资产兜底，背水一战

前面我们讲了股权融资的三个策略。一般情况下，用了这三个策略之后，大部分投资人都能痛快地投资，并且答应以 80% 的股金占 20% 的股权。万一投资人还不点头，我们就要用到这里要讲的最后一个方法。不过，这个方法我们建议创业者不要轻易使用，因为这是"没有办法的办法"，是血本无归的"苦肉计"。

前面我们讲过，通过融资，老板可以把个人财产与公司债务隔离；公司经营不下去了，老板承担有限责任，超出资本金部分就不用再偿还了。这一策略对保守的投资者来说，还是有一定的风险的。这时，就只能启用最后的方法——"兜底"。

所谓兜底，就是融资人承诺投资人：假如公司赚不了钱，就由我个人来偿还你投资的钱，我保证给你 20% 的年回报率，保证你能收回本金。这一策略对融资人来说，可以称得上是背水一战。

兜底承诺仅适用两种情况

案例

2018年1月30日,浙江绍兴金盾风机股份有限公司董事长周建灿坠楼身亡事件引起了各界的关注。

据了解,截至2017年12月31日,金盾股份总资产38.20亿元,公司市值为93亿元。而2017年,其净利润约为8000多万元。外界看起来,金盾是一家有实力的设备制造公司,其董事长为什么会跳楼呢?

一番调查后,真相揭露:周建灿跳楼的原因是他不堪巨额债务的压迫,在走投无路的情况下,这才走了死路。

周建灿接连投资了多个实业项目,这些项目投资周期长,短时间内无法回收资金,导致资金链出现了问题。周建灿的做法是不断通过借贷来填补窟窿,一开始从银行贷款,后来以股份质押形式融资,再后来,迫于资金压力,他选择了高息民间贷款,结果,窟窿不但没补上,反而越来越大。最终,债台高筑,欠款高达98.99亿元。在债权人的围堵中,他选择了结束自己的生命。

赌上一切去创业,是最不值得提倡的方式。所以,融资人在运用兜底策略之前,一定要考虑周全,慎之又慎。我们认为,只有两种情况才可以考虑使用这一融资方式。

第一种情况:创业项目确实很有前景。这个项目做成能有大回报，并且只要资金问题解决了，项目启动起来了，成功率就会很高。这种情况下，使用这一计策，就叫理智冒险。相反，如果项目未来不明朗，看不到一点前景，这时融资人把身家都押进去，就是鲁莽行为了。

第二种情况：老板个人有很多优质资产，他的名下可能有房产、矿产、设备等，个人资产很丰厚，但流动资金不足。比如，手里的房产价格明年会翻一番，现在卖了不合算，然而这时正是他的创业初期，急切需要周转资金。这时，他以个人资产做担保，就很容易打动投资人。

如果投资人仍旧不放心融资人用个人的资产做担保，融资人可以进一步用债权做担保，做房产抵押等等。这种操作手法跟借债很像，但是它也属于股权融资。股权融资所获得的资金，企业无须还本付息，新股东将与老股东同样享有企业的盈利与增长。债权融资所获得的资金，企业首先要承担资金的利息，在借款到期后，还要向债权人偿还资金的本金。

在项目正常启动、公司能够正常运转的情况下，担保、兜底这些措施都用不上。股权融资能让融资人把精力放在公司未来的发展上，经营压力更小，对公司发展更有利。

做好承受一切的心理准备

融资困难重重，创业危机四伏，融资人把自己的身家都押进去，值得吗？融资人内心犹豫，可以想想"真还传"的主角罗永浩。

> **案例**
>
> 2012年5月，罗永浩创办锤子科技（北京）有限公司（以下简称"锤子科技"）。他先在2013年12月16日，获得了上海紫辉投资管理有限公司和不公开的投资者投资的7000万元人民币，又在2014年4月完成了B轮融资，拿到了1.8亿元人民币的融资。一时间锤子科技的整体估值超过了10亿元。
>
> 可好景不长，手机行业的烧钱属性很快就让锤子科技入不敷出，而锤子科技又陷入了质量质疑、拖欠货款、成本居高不下等难关。罗永浩尝试从其他渠道挽救锤子科技和自己，做社交软件、电子烟、娱乐节目，都以失败告终。最后，锤子科技倒闭加上投资失利，罗永浩一夜之间欠债6亿元。原本，他可以申请破产和资产重组，逃过这笔债务，可罗永浩为了重获投资者的信任，重拾"锤粉"（锤子手机的粉丝昵称）对他的信心，也是为了有朝一日重新找回自己的事业，认下了全部债务。
>
> 2020年4月1日晚8点，罗永浩以带货主播的身份准时出现在直播间，向世人宣布他又一次从头开始了。这场直播一共持续了3小时17分钟，最终成交数据定格在1.1亿元。直播开始前，罗永浩抖音粉丝数为516.2万，直播结束后粉丝数为731.2万，单场直播涨粉215万。

第 2 章 如何利用股权实现融资

> 从 2020 年 4 月到 10 月，仅仅 7 个月时间，罗永浩团队走完了薇娅等头部直播带货团队 4 年的历程。在 2020 年 9 月 23 日播出的《脱口秀大会》上，罗永浩不惧自嘲，透露了自己已经还清了 4 亿元的欠款，并且准备拍一部名为"真还传"的纪录片。
>
> 罗永浩说："创业维艰，但不管身上是血是汗是屎是尿，只要战士不下战场，一切都有可能……何况最后实在不行，该战士还可以'卖艺'还债。"
>
> 对罗永浩来说，正是因为债务的逼迫，他的潜能才得到了激发，他才走出了一条过去可能想都不敢想的道路。对于罗永浩而言，债务反而成了一种激励他的力量。

很多时候就是这样，吞下的是委屈，喂大的却是你的格局。你受得了何种委屈，就决定了你能成为何种人。从字面上看，"创"左边上面是一个人，右边一口刀，创业其实就是在刀光剑影下求生存。创业者不但要有把一切都豁出去的决心，还必须做好承受这一切，甚至享受这一切的心理准备。

第 11 课

估值得法，互利共赢

在股权融资中，有一件让很多老板、融资人、经营者都非常头疼的事情：怎样进行企业估值？我们说投资人占20%的股权，那这20%的股权应该值多少钱？只有在这些问题上达成共识，才能继续往下谈具体的融资条款。

对企业估值，有的人说，按照市盈率就很好。比如，我今年赚了500万元，乘以未来6年的利润，企业估值就应该是3000万元。可是问题来了，如果企业正处于一个特殊的发展阶段，当下不赚钱，净资产是零或负数，股权是不是就不值钱呢？

李嘉诚旗下的和黄中国医药科技有限公司（以下简称"和黄医药"）近几年一直处于亏损状态。2017年，其净利润为-2673.7万美元，2018年净利润到了-7480.5万美元。

李嘉诚为了它的发展投入了大量资金，可为什么还会亏损呢？原来，和黄医药一直致力医学史上最难克服的抗癌药物的研发，它的旗下有 400 多名世界上顶级的医药科学家，有业内最顶尖的设备，仅 2018 年一年，它在临床研究和实验相关方面的支出就有 2840 万美元，在员工工资方面的支出就有 1050 万美元。而一款抗癌药物的上市，必先经过技术积累、产品研发、临床实验、获批上市等多个环节。这个过程少则几年，多则十几年，和黄医药正处于研发阶段，因此，账面上一直处于亏损状态。如果按照市盈率来估值，和黄医药可能没有那么值钱。然而事实并非如此。和黄医药是业内公认的大牛股，它的新药如果研制成功将是医药界的一个重大突破。

企业估值的三个方法

如果只看市盈率，我们就无法给净资产为负的企业估值，也就没有办法融资。那么，亏损状态的企业到底该怎样估值融资呢？常用的有三种办法。

第一种，历史投入法。企业现在不赚钱，净资产为零，但是企业在经营过程中投入的资金比较多，融资的时候就可以用这个方法，将历史投入的资金总量作为企业价值。和黄医药的估值就可以用这种办法。和黄医药在过去投入了大笔资金聘请人员、购买设备，有了这些投入，尽管在目前还不能表现为利润，可是已经实实在在地取得了研究成果，这样的估值方法更能体现企业的价值。

第二种，历史重置法。最近几年，物价上涨、货币贬值的速度非常快，很多人会觉得历史投入法已经不适合了。在物价低、设备便宜的年代,如果还是按照历史投入法进行企业估值的话,企业就不值钱了,这就不符合企业的真实情况了。

因此,在这种情况下,我们就可以使用历史重置法,即在现实条件下,对历史的各种投入重新估价。原来建造工厂的场地可能只需要花费几千元,而现在重新建一个这样的场地得花一两百万元,那这笔投入就算一两百万元。这样的估值方法适用于企业资产受时间影响比较大的领域。

第三种,未来收益法。有的企业在之前投入不大,即使用历史重置法估值,也没多少资产,并且企业还处于亏损状态。在这种情况下,我们就可以用未来收益法。

未来收益法适用于科技类的、互联网类的企业。这些企业通常在初期经营阶段不用投入过多资产,也不用投入大量资金,但经过几年的运营,企业就积累了很多用户。这些企业很好地诠释了"现在不赚钱,但未来肯定能赚很多钱"这句话。

> **案例**　1998年,马化腾注册成立深圳市腾讯计算机系统有限公司,他拉了几个朋友做合伙人,可资金仍旧是他们发展的最大难题。1999年2月,OICQ上线,用户很是认可,注册人数疯涨,在很短时间内就增加到了几万人。人数增加,就要扩充服务器,可那时一两千元的服务器托管费对于马化腾而言,就像一座大山。到了2000年,第一次网络泡沫席卷了整个中国互联网,马化腾的日子更加难熬。

实在熬不住了,他四处融资,先后找了新浪、搜狐、TOM、联想等,都碰了壁。后来,马化腾又找了深圳电信数据中心,对方挺感兴趣,但提出了以60万元买下QQ。马化腾觉得自家的QQ远不止这个价值,就没卖,在坚持了两个季度的连续亏损后,马化腾终于以46.5%的股份融到了3200万美元。后面的事,我们就很清楚了——QQ一飞冲天。到了2018年,腾讯的市值达到了4220亿美元。当时对马化腾及时伸出援手的是南非最大的付费电视运营商MIH。从2001年到现在,MIH持有腾讯股份十几年,它在这笔交易上的收益已经翻了4000倍。

很多年后,想起当年融资的事情,马化腾后怕不已,幸好自己没有一时冲动就把QQ卖给他人;而那些跟QQ擦肩而过的投资方则后悔不已:自己如果当时能对QQ进行正确的估值,能达成这笔交易,现在不知道赚了多少钱呢。

估值越高越好吗

在合作中,合作双方互利互赢,合作才能长久。同样的道理,在股权融资中,估值适当,对投资人和融资人双方而言都是一种公平。只有在公平的前提下,双方才能走得更稳,走得更远。

很多公司都止于第一轮融资,耗尽资金后便关门大吉。所以,公司要根据自身的发展阶段,合理估值。

第 2 章 如何利用股权实现融资

融资的几个阶段

一般来说,融资分为以下几个阶段:

第一个阶段是天使投资。这时候公司只是有了产品雏形和初步的商业模式,积累了一些种子用户。公司一般寻找的是天使投资人或者天使投资机构。天使投资通常在 50 万元到 200 万元之间。

第二个阶段是 A 轮融资。这时候公司的产品已经成形,业务开始正常运作,并且有了清晰的商业模式和盈利模式。公司一般寻找风险投资机构投资,融资金额在 200 万元到 1000 万元之间。

第三个阶段是 B 轮融资。这时候公司已经开始盈利,但是需要花大力气推广和拓展市场。如果在这一阶段公司表现得足够好,上一轮的风险投资机构会主动跟投;相反,如果公司表现不尽如人意,就需要吸引新的投资机构注资。融资金额在 500 万元到 3000 万元之间。

第四个阶段是 C 轮融资。在这一阶段,公司的运营状况和盈利模式已经非常成熟了,有的成了行业翘楚。这一轮融资主要是为上市做准备。这一轮开始 PE(Private Equity,私募股权投资)参投,那些之前参与投资的机构基本都会跟投。本轮的融资金额一般在 1000 万元到 5000 万元之间。

大部分公司在完成 C 轮融资后就成功上市了,还有个别公司会多次融资。我们经常看到"有公司完成 F 轮融资"之类的报道,多数是夸大其词,其实只是为了制造话题,因为大部分公司是不需要那么多轮融资的。如果公司融资多次，却一直不上市，那么没有人会愿意继续投下去。

总之，经营者要对融资阶段有基本的常识，做到心中有数。这样，才会尽可能避免出现对公司的过高估值，从而放弃"一口吃个胖子"的幻想。

第 12 课

同股异权，大权在握

对经营者来说，痛苦的是什么？是手里有一个前景无限光明的项目，却因为融不到资而无法经营下去。

比这更痛苦的是什么？是好不容易把手里的项目发展起来了，却被资本方踢出了局。

> **案例**
>
> 2016 年 2 月，网上流传的一则公开信引起了公众的注意。写信人是大娘水饺创始人吴国强。他在信里指出，自己一手把"大娘水饺"发展起来，然而当他千里迢迢地参加大娘水饺的年会时，竟然被阻挡在了门外。
>
> 资料显示，吴国强在 1996 年将一家日营业额只有 200 多元、一个月亏损 1 万多元的小餐馆改名为"大娘水饺"。随后，他用了 17 年的时间，将它做成了中式快餐行业领军企业。2013 年，大娘水饺已在全国 19 个省市拥

有了400多家连锁店,总销售收入超过了15亿元,员工7000人。

后来,吴国强觉得大娘水饺增长乏力,面临着品类及品牌老化的双重挑战。为了让大娘水饺有更好的发展前景,2013年底,吴国强引进了欧洲最大的私募股权基金CVC,使其成了大娘水饺的控股股东,吴国强则持大娘水饺10%的股份,成了主要个人股东。当时,双方都希望将大娘水饺打造成为中西结合的国际型快餐连锁企业。

然而,在交割完成之后,双方就"中西结合"方式产生了一系列分歧和矛盾。

CVC委任的CEO李传章接任大娘水饺后,随即推行了一些促进销售的举措,例如,让店员在就餐时间到店外拉客、区域经营划片,以及提价、降低原材料质量等。吴国强对此表示反对。李传章随后的做法很冷酷,对吴国强边缘化处理,以致大娘水饺的年会通知了各部门副经理以上职级管理人员参加,却独独没有通知当时担任集团顾问的吴国强。吴国强主动赶到年会会场,却被保安围了起来,无法进入会场。

像吴国强这样历经"资本劫数"的企业创始人在商界屡见不鲜。

2004年,李阳创办了红孩子母婴用品网站。2005年11月,北极光和风险投资基金NEA对"红孩子"第一轮共投入250万美元；2006年，北极光和NEA追加二轮投资，共计300万美元；2007年8月，红孩子引入第三轮2500万美元融资，由新的股东KPCB（Kleiner Perkins Caufield & Byers，凯鹏华盈）投资。2008年10月，董事会决定，让李阳立即离开红孩子——这家由他创立的公司。

在启动资金仅有几百万元的情况下，戴尔中国区前总裁刘峻岭和戴尔全球采购前副总裁于刚在2008年联合创立了"1号店"。2010年5月，中国平安出资8000万元，收购了1号店80%的股权。2011年，中国平安将其手中50%的股权转让给了沃尔玛。2012年8月，商务部附条件批准沃尔玛收购1号店股权，股份达到了51%，沃尔玛摇身一变，成了1号店的实际控制人。2015年7月，沃尔玛对外发布正式声明，"1号店创始人兼董事长于刚，以及联合创始人兼首席执行官刘峻岭已经决定离开1号店，去开创他们的下一个事业"。

2016年，"汽车之家"官方宣布其创始人李想、前CEO秦致退出董事会，由平安信托方面康雁和王俊朗出任现任总裁及CFO（首席财务官）。汽车之家因此彻底易主，改姓"平安"。

资本有时候是天使，有时候又猛于虎。因此，在股权融资时，企业经营者一定要有一个"大权在握"的意识。

"股权均分、平起平坐"是陷阱

经营者掌握控制权的惯常做法是始终占有公司绝对份额的股权，至少50%以上，甚至75%以上才好。正因为如此，合伙创业时，股权结构绝对要避免股权均分。

两人合伙，各占50%；四人合伙，各占25%。这样的股权设计，看似合理，却有致命隐患。遇到事情，一个觉得要向左，一个觉得要向右，一个觉得要向前，一个觉得要向后，听谁的？大家股份一样，到了关键时刻，谁说了算？公司处于初创阶段，可以和和气气，有事大家一起商议；一旦公司走上正轨，就必须有一个有气魄、有决断力的决策者。

> **案例**
>
> 张勇、施永宏是多年的好朋友。1994年他们从中专技校毕业，和各自的女朋友舒萍（后成为张勇妻子）、李海燕（后成为施永宏妻子）共同筹资1万元，每人各持有25%的股份，在简阳市开了一家名为"海底捞"的火锅店。
>
> 火锅店头两年没有账。施永宏既负责收钱又负责采购，而比较有决策力的张勇有一天主动提出："一间正式运作的公司，必须有经理，我决定我当经理。"众人均无异议，张勇掌握了火锅店的绝对话语权。
>
> 2007年，海底捞准备上市。当时，财务顾问给他们的建议是，公司要有"绝对控股的股东"，这样才有利于

> 公司上市。这一年，张勇以原始出资额的价钱从施永宏夫妇手中买回了海底捞18%的股份。从此，张勇夫妇手握海底捞68%的股权，成了海底捞绝对控股的股东。
>
> 张勇能够"铁腕夺权"的原因之一是施永宏为人比较"佛系"，张勇一提要求，他就答应了。因为张勇可以让公司发展得更好。张勇是幸运的，他遇上了想得通的、大度的施永宏。然而在现实中，太多的好兄弟、好伙伴都因为股权反目成仇。

创业成功固然需要依赖每个股东的协作和努力，但人与人各不相同，存在差异，每个股东对企业的贡献也存在差异。因此，公司在设计股权结构时，就要充分考虑各个股东对企业的责任和预期贡献，设置与之相匹配的、非均等的股权结构。这样可以保证每个人的责权利与其持股比例大致对等，决策比较容易通过，公司才能平稳发展。

经营者必须掌控的三种权力

前几年网络上流传这样一句话：懂得了很多道理，却依然过不好这一生。很多道理、很多事情，我们懂了、明白了，却不一定能做好、处理好。股权均分就属于这种情况。

中国是一个人情社会，大家都讲究平起平坐。合伙的时候，我们很难让一方占有大比例的股份。而从外部融资引进的投资人，也不愿意持有小份额股份。这时候，我们应该怎么办？用一个小技巧就可以解决这个问题，就是同股不同权。

一般来说，股权持有者的权利应该包括分红权、决策权、转让权、继承权、授予权、抵押权、担保权等。所谓同股不同权，就是股东间提前做出约定，你占50%的股权，我也占50%的股权，虽然我们的股权相同，但是在一些重大事项上，我作为股权融资人、企业关键经营者要拥有几项特别权力。

无论什么时候，**经营者都应保有的特别权力：**

增资扩股的权力。经营者在增资扩股上一定要拥有表决权、控制权，这是因为增资扩股会直接导致一方所占比例达到51%以上，或者达到三分之二的多数，这会导致重大事项权利的变化。

重要人事的任免权。财务由谁来担任，出纳由谁来担任，保安部经理由谁来担任……经营者要把这个权力抓在手里，这样不至于落得像吴国强那样，去参加公司年会却被保安挡在门外。

钱的分配或者奖励权力。公司该奖励谁，不该奖励谁，股东拿不拿津贴，董事长拿不拿钱，销售成本怎么控制，销售佣金怎么发放……这些都是非常重要的。经营者一旦失去了这个拍板的权力，整个公司就会陷入混乱。

在进行股权融资时，通过公司的股东协议和章程约定，把增资扩股权、人事任免权、钱的分配权抓在手里，这样，经营者就既能融到资，又能够把公司的控制权握在自己手里。

第 3 章

创业者如何玩转股权

有些创业者很卖命,却融不到资,为什么?这是因为他们的思维不行!拥有指数思维,才能增加赢得资本家青睐的机会。

有些老板并不是第一大股东,为什么依然可以掌控企业?因为他们抓住了经营企业的关键。创业成功的核心是什么?不是产品,不是商业模式,而是找对人。

找对了人,创业就成功了一半。但是,在创业过程中,为什么找对了人,业绩还是提不上去呢?因为方向不对!到最具发展前景的行业去创新,才有可能盈利。而选对了方向之后,又怎样才能很轻松地把公司发展得很好?那就是把复杂的事情简单化、流程化。

第 13 课

指数思维，无限裂变

2014年初，《中华人民共和国公司法》（以下简称《公司法》）修订，1元就可以注册公司；申请时无须硬凑资本，只要诚实承诺；松绑公司登记，不需要提交验资报告。李克强总理在《2015年政府工作报告》中38次提到了"创新"，13次提到了"创业"，2次专门提到了"大众创业，万众创新"。政府旗帜鲜明地支持广大创业者，各项支持政策也纷纷出台。

在这样的环境下，只要你有好的想法，就可以做一番事业。你没有资金，有人会拎着钱袋上门投资你；你没有技术，咖啡馆里有人在翘首企盼你的出现；你没有企业管理经验，有丰富管理经验的人在等着跟你合作。

案例　摩拜单车的高速发展曾经一度震惊世界。2014年，"80后"胡玮炜在杭州想要骑行，希望能租一辆公共单车，却没有成功。后来，她在瑞典哥德堡也遭遇了租赁公共单车失败的经历。于是，胡玮炜的脑子里便出现了"做单车租赁"的想法，并将这个想法付诸实践——2016年4月22日，摩拜单车正式上线，并在上海投入运行。很快，摩拜单车席卷了全国大中城市，一时风头无两。

尽管摩拜单车在2020年全面接入美团，并更名为"美团单车"，但是胡玮炜的创业经历依然为人们津津乐道。

胡玮炜曾经表示："当我去做这个事情的时候，我发现自己真的很幸运。你可能每天会碰到你的同类，会碰到很多同样的资源，以及想做相关事情的人。"胡玮炜在两年的时间内完成了七轮融资：腾讯、红杉、携程、华住、富士康等知名企业，当时都为摩拜注入了力量。她说："当你拼死在做一件事时，全世界都会帮你。"

有的人会说，人家做的是互联网，站在了风口上，才不缺资金、不缺人才的；我的项目科技含量不够，肯定不行的。事实真的是这样吗？

这几年，我在做股权设计的过程中经手过很多项目。据我观察，创业者仅仅是在他所在的领域有一技之长，就能备受资本的青睐。比如，在餐饮领域，创业者是厨师，有许多拿手的好菜，或者创业者是前厅经理，他可以和顾客相处得非常融洽，在当地有大量忠实的顾客，仅凭借着这些长处，他们就能赢得资本的青睐。这是什么原因呢？

第一，现在的时代，好项目供不应求。中国改革开放到现在，确实有不少老板赚了钱，但是传统生意越来越不好做，这也是公认的事实。那些早年发大财的人，手里的资金急需找到新的出路。IDG 资本创始合伙人熊晓鸽说："对我们这些做投资的人，怎么样把民间和政府的钱用到最好的领域中去，用到成长最快的企业身上，既是机会也是挑战。"在中国投资领域，确实有不少投资者拎着钱袋子在四处寻觅创业项目。只要是有发展前景的好项目，真的不愁得不到资金支持。

第二，现在是互联互通的时代，社会个体通过互联网连接在一起，任何一个角落里发生的事情可能一夜之间就能传遍全国。今天你还是街头上的一个默默无闻的普通少年，也许到了年底，你可能就会出现在"罗辑思维"跨年庆典的大屏幕上。互联网时代，为好的项目提供了无限的可能。

然而无限的可能，也只是可能。每年有亿万创业项目，都在等着资本垂青，但真正拿到风投的也就千分之几，能运作上市的也就万分之几。那么，什么样的项目更容易获得风投的青睐呢？

拥有指数思维的项目更受青睐

社会大众中最常见的是线性思维，他们通过累加工作量，增加工作时间来赚钱。比如，我打工一年可以赚 10 万元，如果我想赚

100万元，那么我就需要打工10年。再如，我开一家店一年赚10万元，如果我想赚100万元，那么我就需要开10家店。

我们都知道，一个人的时间和精力是有限的，所以线性思维的成功速度很慢，并且会有很多限制。假如我在工作的第7年生病了，那么我就在10年内赚不到100万元了；我开店开到第8家店时，便没有精力管理了，那么我后面的两家店很可能每年赚不到10万元，甚至还会亏本。

指数思维要远远胜过线性思维。

关于指数思维和线性思维的区别，网上有个形象的对比：

线性思维：1元 × 1元

= 10角 × 10角

= 100角

= 10元

指数思维：1元 × 1元

= 10角 × 10角

= 100分 × 100分

= 10000分

= 100元

我们再回到开店赚100万元的案例。按照指数思维，除了线下的店可以赚10万元之外，还可以发展以人为中心的合伙店铺，口碑相传，一个人可以影响10个人购买，10个人可以影响100个人购买，100个人可以影响10000个人购买。

机制决定了使用指数思维销售的组织。什么是指数型组织？《指数型组织：打造独角兽公司的 11 个最强属性》一书给出了指数型组织的定义：指数型组织是指在运用了高速发展的技术的新型组织方法的帮助下，让影响力（或产出）相比同行发生不成比例的大幅增长的组织（至少 10 倍）。①

运用指数思维销售的组织赚取 100 万元的速度绝对比运用线性思维销售的组织强。当然，这只是理想化的状态。在实际操作过程中，并不是那么简单。具体操作我们在后文会讲到。

在这个时代，人与人的差距在于是否具备指数思维。指数思维是只有极少数人能掌握的赚钱之道。掌握指数思维的人，才能获得爆发式成长。同样，拥有指数思维的项目，才能获得裂变式成长。而资本最关注的就是能否快速收回成本并赚到钱。

边际成本为零的 2.0 版指数思维

在传统行业里，指数思维最常见的是运用连锁或加盟。比如，星巴克、麦当劳、肯德基等，它们的店铺很快就能开遍全国、开遍世界，不用考虑精力够不够、时间够不够、资金够不够的问题。

我的客户"曲家饺子"之前用的是线性思维，它的发展模式是"一盘一盘卖饺子"。后来，在调整为用指数思维做加盟后，一家一

---

① [加] 萨利姆·伊斯梅尔，[美] 迈克尔·马隆，[美] 尤里·范吉斯特，苏健译：《指数型组织：打造独角兽公司的 11 个最强属性》，浙江人民出版社，2015，引言第 5 页。

家卖加盟店，发展速度很快就提升了。连锁或加盟的核心在于它的可复制性。

时至今日，指数思维已经升级到2.0版，它表现为边际成本为零的复制。我们以健身教练为例，探讨如何实现指数思维2.0版。

以前健身教练要想把事业做大，他需要租场地、装修、买器材，然后雇一帮教练、一帮销售，先打造一家旗舰店，再按照线性思维慢慢发展，经营模式成熟后，他就可以按照最普通的指数思维做加盟连锁，实现扩张。

有了2.0版本的指数思维，上面提到的过程都可以省略掉，他只需要研究出几套健身操。比如，一套针对减肥的、一套针对养生的、一套专门练马甲线的等等，然后将这几套健身操拍成15分钟的视频，按照客户的需求分别发给客户，客户在家里照着视频练就行了。

客户如果想锻炼效果更好一些，可以通过健身教练买一些同款的器材，如哑铃、瑜伽垫等，相当于把自己家的卧室、客厅变成了健身房。在练的过程中，客户如果想得到更好的指导，可以跟健身教练视频连线，健身教练在线指导。视频可能一套要99元，指导费可能需要1000元以上。健身教练在指导过程中，发现客户的颜值、个人表达能力、对健身事业的热爱等方面都很突出，就可以把他发展成自己的城市合伙人，一个城市发展20个合伙人，很快就能占领全国市场。

在这种模式下，产品和服务进行了信息化转化，都有高度的复制性，边际成本几乎为零。一个人学跟全世界的人学，它的成本是一样的，把成本无限降低了，这样项目就特别容易得到投资人的青睐。

"空手套白狼"原本是一个贬义词，比喻那些不做任何投资到处行骗的骗子所用的欺骗手段。有了指数思维，将成本降到最低，不用欺骗，就可以以极少的投入占有无限大的市场，获得不可估量的财富，能收到空手套白狼的效果，这就是指数思维的力量。

第 14 课

一股独大，先行先得

投资人在选择投资项目时，首先会看这个项目和项目发起人是否具备指数思维。在确定对方具备指数思维之后，接下来，投资者会看什么呢？看这个项目有没有好的执行团队。因为事在人为，人永远是项目的支柱。那么，什么样的执行团队才是值得投资的好团队呢？

第一，意愿强。

好而新的项目一般都有市场和社会的认可接受周期，如果试了一次、两次都得不到市场认可，执行团队坚持不住，散伙了，投资就很容易打水漂。

好团队的第一要素是意愿度足够强，团队上下都有一致的想法：我一定要把这件事情做到最好，做到极致，做到市场规模最大！如果这个项目遇到问题，就算我抵押房子，不吃不喝，也要把它做好。即便遭遇了投资人一次次的拒绝，屡遭碰壁，团队成员心中也要有熊熊燃烧的火焰。

第二，执行力强。

华为总裁任正非曾经说过这样一句话："没有执行力，一切都是空谈！"企业的战略再高瞻远瞩，方案再完美，目标再远大，如果没有人执行，一切都将是空中楼阁。

意愿强、执行力强的好团队更容易得到优秀和优质的天使投资者的投资。对于创业者来说，如何建立这样的团队呢？这就是每个创业者要深入思考的问题了。

"一股独大"是必然结果

无数商业案例告诉我们，一头绵羊带领的一群狮子敌不过一头狮子带领的一群绵羊。因此，一个意愿强、执行力强的好团队必然要有一个强有力的领导者。企业文化在早期更多的是依靠强有力的企业家注入血液。我们经过研究，发现大部分民营企业的公司文化都带有创始人的强烈痕迹。

前面我们提到，同股异权可以保证创业者大权在握。不过，这只是权宜之计，为了团队的执行力和意愿度，团队领导者"一股独大"总是我们难以绕开的坎儿。

"一股独大"有一个非常现实的原因：绝大多数创业公司的原始团队的人员构成可能并不完善。无论是亲戚、朋友、同学合伙创业，还是夫妻联手创业，发展到一定阶段，必然要招聘优秀的人才加入。

因此，团队领导者要预留激励股权。

一个有投资价值的团队，领导者所占股份一般有如下几种形式：

第一种，领导者占股在三分之二以上。在这种情况下，根据《公司法》的规定，领导者在增资、扩股、分利润等方面都能说了算，这样，他在公司就占据了主导地位。

第二种，领导者占股在51%以上。《公司法》规定，表决权一定要过半数，领导者保证了表决权，也就是掌握了公司的经营决策权，这样他就掌握了公司的命运。

第三种，领导者占股34%以上。《公司法》规定，对于公司的重大事宜的决策要求全体股东三分之二以上投赞成票才能够通过，领导者所占有的股份数大于或等于三分之一（即34%）后，就可以拥有绝对的否决权。

"群雁高飞头雁领，头雁振翅雁群疾。"大雁在迁徙时，无论是排成"一"字，还是排成"人"字，总有一只领头雁飞在最前方引领方向，并决定着雁群飞行的高度和速度。头雁在雁群中的作用是十分突出的，创业团队中的领导者就如同雁群中的头雁一样，起到了至关重要的作用。

先行先得，无人撼动

领导者占大股，最大的问题是没有人愿意跟他合作，这就无法调动其他人的积极性。这个问题应该如何解决呢？这就牵扯到本节的关键：先行先得。

我们来看一下具体的操作步骤：

第一，领导者率先行动，先完成公司注册，把项目的经营理顺。

第二，领导者搭建起公司团队，关键岗位的关键人才配备到位。

第三，领导者率先把最小可行性产品做出来，然后拿去融资。

所谓最小可行性产品（Minimum Viable Product，MVP），由美国作家埃里克·莱斯在《精益创业》中提出。它指的是用最快、最简明的方式建立一个可用的产品模型，并将这一产品模型推向市场，用它来测试用户是否喜欢这个产品，获取用户的各种反馈，不断完善细节，直到产品达到一个相对稳定、可靠的阶段。

有了MVP，产品从诞生到进入市场的整个流程就会比较畅通。一方面，产品质量比较过硬；另一方面，团队跟客户沟通只需用很简洁的话术，不会过分依赖于销售精英。换句话说，产品具有了可复制性。同时，团队、投资人也已经看到了产品在市场的反应，此时产品的市场前景已经很明朗了。

这时候融资人找到投资人：我准备拿出30%的股份来融资，我给其他人的股份都是3%、5%，我可以给你15%的股份，你能投多少钱？融资人拿出股份来给投资人，就是给对方一个一起合作的机会，投资人会很乐意出大钱占小股。

当领导者完成了上面这个步骤，即使他不占大股，也没人能撼动他对公司的控制权。

第 3 章 创业者如何玩转股权

案例

腾讯的第一大股东 MIH TC，持股比例达 31.1%，创始人马化腾只持有腾讯 8.6% 的股权，可他为什么能控制腾讯？腾讯管理高层都是马化腾一手组建的团队，包括首席战略官、首席信息官、首席技术官、首席财务官等，MIH TC 要想罢免马化腾，同时就会失去马化腾的团队，MIH TC 接手腾讯之后，不一定能够保持现在这样的发展趋势，MIH TC 自然不会那样去做。

第 15 课

设置框架，找对成员

经营公司的核心是什么？有人说是产品，有人说是项目，有人说是模式……这些都很重要，但是最关键的是经营人。企业的"企"字，即止于人。人是企业的核心，没有人就没有企业。经营企业说到底就是经营人。

所谓经营人，就是找对人，然后把他们立起来，通过立人来立企业。

名著《三国演义》中的刘备也是在经营团队。在最初阶段，刘备要钱没钱，要地盘没地盘，有的只是关羽、张飞、赵云、诸葛亮等一帮血性兄弟。他们有共同的目标：兴复汉室。最终，众人合力在乱世之中建立了蜀国，有了自己的一席之地。

然而，到了后期，蜀国的情况急转直下。刘备临终之时把蜀国交给团队中最能干的诸葛亮，蜀国却一步一步地走向衰落。一个重要原因就出在诸葛亮身上。诸葛亮智慧超群、能力超常，但是他经营蜀国时犯了一个致命错误：做事一贯亲力亲为，没有为蜀国团队培养出年富力强的人才。结果在他死后，就出现了"蜀中无大将，廖化作先锋"的局面。蜀国无合适的人才可用，自然难以长久。

有的老板会说，自己和诸葛亮一样委屈：我也知道团队很重要，但总是找不到合适的人，身边人换了一批又一批，最后只好自己干了，不过也赚钱了。

在这里我们要强调一下，赚钱和成功是两个不同的概念。

一些项目很可能会在短期内赚钱，但这一项目并不一定具有可持续性。比如，有一些老板早年凭着卖白色家电发家致富了，但后来白色家电行业利润缩减，这些人也就退出了历史舞台。有一些老板以前靠煤矿、铁矿赚了钱，但是他们现在的经营状况并不乐观——这些经营者只是在红利期选对了项目，尝到了甜头；然而，他们缺少运营智慧，最终没能将企业持续经营下去。

所以，所谓成功指的是项目可以长久运营下去。这需要一群能看到未来的趋势、有运营智慧的人通力合作。

人的重要性不言而喻。那么，初创公司怎样去做，才能找对人呢？

DISC 个性测验，了解人性

DISC 个性测验是国外企业广泛应用的一种人格测验，用于测查、评估和帮助人们改善其行为方式、人际关系、工作绩效、团队合作、领导风格等。它由24组描述个性特质的形容词构成，每组包含4个形容词，即支配性（D，Dominance）、影响性（I，Influence）、服从性（C，Compliance）、稳定性（S，Steadiness）和4个测量维度以及一些干扰维度来选择的，要求被试者从中选择一个最适合自己和最不适合自己的形容词。

企业可以凭借DISC个性测验了解员工的个性，从而为企业及团队的合理发展提供一定的依据。如果经营者或者团队领导不了解人性，只懂产品，只懂技术，只懂销售，是无法将企业或者团队经营好的。

我们还是用《三国演义》举例。吕布战斗力强，为三国时期一员猛将，其表现可圈可点。然而吕布并没有成为团队的领导者——他有勇无谋、刚愎自用的个性决定了他是当将军的料，不是称王称霸的料。他会打仗，却不知道该在什么时候打、该跟谁打，自然就不能成为优秀的领导者，只能不停地依附强者。由此可见，了解一个人的个性，是企业及团队找对人的第一步。

组建团队，立起四梁八柱

在了解了人性之后，创业者还要明白，我要找哪几种人？一座建筑有了四梁八柱，才能稳定。要想让一个团队稳定，我们需要找到营销类人才、有变现能力的人才、有经验的顾问人才。有了这三类人才，团队才有可能立得起来。

俗话说，"酒香不怕巷子深"。然而，在现实中，酒香也怕巷子深。再好喝的酒，也需要有人品尝，别人说"好"的时候，才能打开市场。在十几年前，营销类人才或许并不重要，企业只要有钱，在各级电视台、广播电台、各地报纸上，投放一批广告，产品或服务很容易家喻户晓。

随着互联网的兴起，传统媒体的影响力越来越弱。有一种说法，现在既不上班，也不上网的人才去看电视、看报纸。然而，这"两不上"的人购买力相对较弱。因此，企业要想做好营销和传播，只花钱是没用的，还要把钱用在关键的地方——要找到具有一定技术水平的营销人才。这些人熟知互联网规则，能够巧妙吸引客户并增加黏性。

营销类人才将客户抓取过来了，有流量了，接下来，还需要把这些流量变成钱，于是，就需要有变现能力的人才。有变现能力的人才分为两类：第一类是产品设计者，通过源源不断开发好产品留住客户；第二类是销售型人才，他能复制一批一批的促销员、售货员，能不断成交客户。

有了流量，实现了变现，公司要想做大做强做长久，还需要引入模式类顾问人才，这类人才能站在战略高度，对公司进行宏观的调整与推动。

刘备在三顾茅庐请出诸葛亮之前，他在新野待几天，在涿州待几天，四处漂泊不定，打仗毫无套路。刘备在有了诸葛亮相助之后，情况就完全不一样了：先取荆州，再入西川，亲孙权，远曹操，做事就有了规划。此外,如何排兵、如何布阵,也都被诸葛亮安排得井井有条。

企业的发展也是一样,如果你不想在经营过程中被撞得头破血流,如果你不想在奋斗了十年之后仍然一事无成,你就应该有一个专业的顾问——他能让你的产品和服务或者团队迅速裂变到全国或者全世界。

设置框架,吸引人才

明白了企业需要哪几类人才,接下来要做的是怎样快速、精准地找到这些人。

第一步,创业者要做的是设置框架。做市场的人常把"客户画像"挂在嘴边,创业者也可以做一个"股东画像"——明确企业要找的人是什么样的。如果仅仅单方面地凭借学历、忠诚度、吃苦耐劳这些点去找人,很可能会出现偏颇。

比如,一个吃苦耐劳的高学历人才,可能会做学问、出成绩,做工作却不行。为此,我们要全面考核人才,要看他在什么地方、什么领域,工作了多长时间,有什么成果,对这个领域有什么见解。如果对方说得清、道得明,找他做股东就比较放心。

第二步,吸引人才。当今社会,人才是企业竞争的焦点。有很多大公司为了吸引优秀人才,尽可能地开出优厚的条件。那么企业如何才能赢得人才的青睐呢?

我们来看看《水浒传》中的宋江是怎么做的。

宋江在梁山的优势并不是很突出。论家产，他比不上卢俊义、柴进；论武功，他打不过林冲、武松；论仗义，他比不过鲁智深；论智慧，他比不过吴用。可偏偏他成了梁山的首领，梁山众好汉唯他马首是瞻，这究竟是为什么呢？

宋江做对了一件事，这就是我们要讲的可以精准吸引人才的关键——在西方企业管理理论中被称为愿景或者文化。在日常工作中，我们把它贴到墙上，叫它口号。宋江所做的是提出了一个口号："替天行道"。

梁山有很多强人，比如林冲是80万禁军的教头，呼延灼也是正规军出身。他们从小受的教育是干正事、干对事，可上了梁山之后，整天干的是打家劫舍的事情，这让他们很难受。宋江的这个口号成功地解决了这个问题，他告诉众人，我们不是在打家劫舍，我们是在替天行道。这样，"替天行道"这一口号迅速成了梁山好汉共同的愿景和目标。他们做的事还是同之前一样——该偷偷，该抢抢……可他们认为这是理所当然的，心里也就畅快多了。

企业文化的意义之一在于，理念对了，才有可能吸引到优秀的人才。

正是因为企业文化具有重要性，因此，每个企业都需要一种精神、一种价值观，以形成统一的理想和信仰，进而影响每个人的行为，把大家团结起来，形成一股合力。

领袖都是造梦高手。任正非曾经在华为员工大会上说过，以后大家买房子，客厅、卧室可以小一些，阳台必须大！可以在天气好的时候，把钱拿到阳台上晒一晒。

如今，华为员工工资在中国民营企业当中排名前列，华为成了中国最赚钱的民营公司，任正非带领下属一步步地实现了"在阳台上晒钱"的梦想。

公司创始人不仅要做好项目的设想和规划，而且要为整个事业描绘出一幅壮丽的蓝图，还要加上股权分享，如此才能吸引人才共同奋斗。创业者一定要树立一个意识：你能成就多少人的梦想，你就能成就多大的事业。

第 16 课

成熟有期，退出有制

企业经营者可能会遇到这种情况：我们千方百计地引进了人才，并让他们成了企业的股东，后来发现有人并不适合企业的发展。在这种情况下，我们就需要把他请走。然而，这是非常难的。

在第 6 课里，我们讲了周老板的故事。他把股份送给了店里的厨师，可厨师提出了辞掉工作，只拿干股，这就让周老板骑虎难下。为避免这类问题的出现，企业老板在选择股东时，需要用三个维度去看：要看到这个人的过去、现在、未来。

我们需要对股权设定一定的成熟期。这个成熟期要结合时间和业绩，提前约定好。比如，我赠给你的 20% 的股份，要约定在多长的时间里，你做出了怎样的业绩，才算孵化成熟，才能算数。一般来说，总经理岗位的股权成熟期最少是 5 年，每年成熟 20%。这样的节奏，双方都比较容易接受。除了时间外，我们还要看业绩，这点也是非常重要的。

核心人才看业绩，而不是看能力

如果说员工是企业的财富，那么关键人才就是财富中的财富。关键人才，又叫核心人才，指的是那些拥有专门技术、掌握核心业务、控制关键资源、对公司会产生深远影响的员工。他们可以为公司带来较大利润，或者可以推动公司的变革，他们是企业的"发电机"，可以为企业的发展提供"能源"。

核心人才是企业的灵魂和骨干。很多企业老板会拼尽全力抢夺核心人才，甚至毫不吝啬地拿出股权吸引人才、留住人才。有些老板会说，人家能力在那里，曾经用两年的时间把上一家企业的业绩翻番。我送给他 30% 的股权，只会赚，不会亏的。

无数事实证明，对于核心人才，如果我们只看重他们在某一方面的能力，真的会赔本赚吆喝。一个在技术上业绩突出的人才，到了管理岗可能会干得一塌糊涂；一个在上一家创下耀眼业绩的管理人才，到了现在的公司很可能会水土不服。

案例 有"打工皇帝"之称的唐骏在微软时创下了多个唯一：他是微软公司历史上唯一两次获得过"比尔·盖茨杰出奖"的员工，获得过微软公司历史上唯一的"终身荣誉总裁"称号，他还获得过微软公司的"杰出管理奖"。唐骏的能力是毋庸置疑的。可是他拿着高价转到新华都后，却畏手畏脚，许下的业绩增长目标一个也没有达成，最终只好黯然退场。

第 3 章 创业者如何玩转股权

无论对人才多么渴望，创业者都不能头脑发热，直接给核心人才股权，而应该与核心人才约定成熟期，设定业绩最低标准。在成熟期里，要看人才取得了什么业绩，这时才能决定是否兑现股权。

销售渠道不要看流量，要看转化量

除了核心人才外，企业老板还会对一类人毫不吝啬地拿出股权，这类人就是能给公司带来客户的人。现在是自媒体时代，有些老板会同意一些自媒体人凭借着粉丝数入股。一个人有 300 万的粉丝，就相当于为企业带来了 300 万人的市场，送他 10% 的股权，应该不赔本。

这里需要老板们注意，只看粉丝量和阅读量，你真的可能会亏本。

粉丝量和阅读量是可以作假的，即使不作假，这些流量又可以带来多少转化量呢？这里面有很多不确定性的因素，300 万粉丝最终可能只有 3000 的转化量。如果你用 10% 的股权交换，那就亏本了。

案例　我的一个客户李老板接触了一个微商团队，这个团队有 3 万个微商，数量庞大，每个微商手里有好几个群，每个群都很活跃。在理想情况下，3 万微商每人能带来 100 个客户，这就是 300 万的客户，这是多么庞大市场啊！李

> 老板很受触动，于是拿出了 30% 的股权给这个微商团队。结果呢？这 3 万微商根本不办事儿，他们不肯为李老板的产品卖力气，李老板这 30% 的股权就打了水漂。

除了自媒体资源以外，协会、商会资源，传统媒体客户资源，退休领导背后的资源，这些我们都要注意。不要只看流量，而要看最终的转化量。

再结合我们前面提到的业绩设置成熟期，可以有效避免股权打水漂的问题。我们即使找错了人，把他放到了股东的位置上，最后他没有完成目标，股份他就没法真正拿到手，我们的股权就不会有损失。

第 17 课

乘势而上，领先崛起

指数思维有个前提条件是顺势而为。只有在顺应趋势的前提下，才能带来最有爆发力、杀伤力及指数级的增长。

人找到位了，可是一群人无论怎么努力，业绩就是提不上去，这是为什么呢？有一句话叫"方向不对，努力白费"。如果你组建了一个强悍的团队阵容，团队成员个个都努力工作，业绩却不好，很可能是项目的方向不对。

> **案例**
>
> "站在风口上，猪都能飞起来"，这是雷军评价小米科技获得巨大成功时最常说的一句话。这句话一石激起千层浪。以至于在后来以这句话为蓝本，衍生出了一种"飞猪理论"（又称"风口论"）。它的核心是：看准时代风向，倾尽全力顺势而为，从而找准创业的"台风口"。
>
> 雷军认为，人的成功跟找到台风口高度相关。自从创

办小米后,雷军一直被各界奉为创业者的典范。其实在创办小米之前,雷军在金山软件有着多年的煎熬时光。

在金山,雷军被人称呼为"IT劳模",常年没有周六日,每天工作超过16小时。21世纪初,当互联网这个"台风口"迎面而来的时候,雷军突然发现,金山已经落伍了。

他很困惑,为什么别人的成功就那么容易呢?而金山拥有IT界最优秀的工程师,大家团结一致、甘于付出、敢于拼搏,为什么前进的道路却如此艰辛呢?

经过深入思索后,他发现了问题的根源:金山奔跑的方向错了。在中国互联网发展的浪潮中,金山因为一味埋头做软件,而错过了互联网发展的黄金机遇。在软件业整体下滑、需要转换跑道的时候,金山没有及时做出抉择,导致它的整体发展被软件绊住而不自知。于是,雷军及时调整自己,以互联网思维武装自己,这才有了后来小米的诞生。

未来最具发展前景的行业

逆水行舟,自然就难以成功。为此,创业者不论是经营,还是融资,乘势而上都非常重要。那么,未来几年,哪些行业最具发展前景呢?经过分析,我认为有以下几类。

第一类：餐饮行业。"民以食为天"，无论社会如何发展、科技如何进步，人们都不会放弃对食物的偏爱，对美食的向往。2020年9月发布的《2020中国餐饮业年度报告》认为，我国餐饮行业"稳中向好的趋势不会改变，重建消费信心、适应新消费模式是行业发展关键"。这既为我国餐饮业的发展提出了新要求，也为其发展指明了方向。同时，这也说明了我国餐饮业仍然具有强大的生命力。

第二类：早教行业。衣食住行之外，教育永远是大事。全面三孩政策、职场新女性崛起、教育消费观念提升等时代社会因素的共同作用下，都市年轻父母对于婴幼儿托育、早期教育需求日益凸显。在这个行业里面做连锁布局，市场前景会非常好。

第三类：医疗美容行业。据有关数据显示，我国的医疗美容行业在2018年市场规模已经达到了1220亿元，增速居世界前列。预计未来3年，我国医美市场将达3600亿元，远期规模有望达到2万亿元。

对于医疗美容行业来说，客户基数足够大。再加上有些项目单笔消费价格较低，客户容易接受。巨大的市场潜力，让整个医疗美容行业呈现出持续增长的态势。

第四类：在线教育行业。在线教育进行复制的边际成本为零，而对有心人来说，它的价值却可以无限大。

2020年，一场突如其来的疫情，造成无数学生无法到校正常上课，在线教育就显示出了其巨大的能量。另外，当前，"我国社会主要矛盾已经转化为人民日益增长的美好生活需要和不平衡不充分的发展之间的矛盾"，人们越来越注重生活的品质，注重对知识和精神的追求。上班族平时工作繁忙，需要利用碎片化时间获取知识。在线教育的灵活方式，正好符合上班族的需要。所以，在线教育也就成了无数成年人获取知识的平台之一，这无疑为在线教育提供了广阔的发展空间。

第五类：大健康产业。大健康包括了理疗、美容、保健食品、体育休闲、健康检测、养生、健康家居等，是继 IT 产业之后第五波经济浪潮新支撑，又被称为"财富第五波"。

据专家介绍，目前我国 70% 的人处于亚健康状态，15% 的人处于疾病状态。未来 10 年，各种慢性病将以爆发式的速度迅速扩展到每一个家庭。而世界卫生组织的数据显示，中国人均健康支出不足美国的 5%，距离全球人均健康支出差距更大，仅为 1/5。由此可见，中国大健康产业发展潜力巨大。

唯有创新，才有未来

格力董事长董明珠认为，机遇一直存在，关键在于自己的选择。她说："走自主创新之路才有未来，走自主创新的道路，才可能掌握明天。"事实的确如此。不论是传统行业，还是未来的趋势行业，要想有一个好的未来，都绕不开创新这个坎儿。那么，创新该如何体现呢？

第一，产品创新。在资源短缺时代，人们最先使用的是洗衣皂。

后来，有人把洗衣皂打成粉，开始卖洗衣粉。虽然两种产品的成分类似，然而形态发生了改变：从块状到粉状的改变就可以叫创新，就可以领先。后来，有人做出了洗衣液，一年就创下了几十亿元的销售额。近几年，又有人做出了小形状的洗衣片，一年也能卖几十亿元甚至上百亿元。这就是产品创新的魅力。

如果我们能发明一种"前无古人、后无来者"的新事物当然最好，但是这样的新事物是可遇而不可求的。在既有产品上进行转型升级，也可以迈向成功。

第二，营销创新。营销工作的关键是如何花最少的钱取得最大的效果。为达成这个目标，我们要知道14亿人民的注意力在哪里。注意力在哪里，客户肯定就在哪里，所有营销工作都在客户的关注之下，营销成本就能做到最低。

我们也要善于借助最流行的传播工具。迈克尔·杰克逊对音乐、舞蹈的贡献不言而喻，他能红遍全球，除了优秀的作品以外，流行的传播工具也是他影响力不断扩大的原因之一。当时，他借助了电视平台传播其作品，到现在为止依然没有人能超越。2012年的《江南style》能够在一夜之间火遍全球，这跟YouTube有直接的关系。这两个例子都有一个共同点——它们都在第一时间抓住了趋势下最火热的传播渠道。由此，这就如同站在了台风口，把握好时机，就冲上了云霄。

第三，模式创新。模式创新的关键是看到社会哪里还有富余的劳动力、精力和时间，然后把它们经营起来。把上班族的社交价值跟富余时间结合起来，这就是微商模式；把平时不用的车跟富余时间结合起来，这就是网约车的模式；把平时不用的房子利用起来，这就是民宿。

　　从上述角度看，各行各业都蕴含着无限的机会，一个简单的创新，就可以把传统行业打造成顺应趋势的明星行业。

第 18 课

删繁就简，以逸待劳

前面我们讲了，选对行业、选对方向就能乘势而上。我们一直在强调很多事不用非常辛苦、起早贪黑地去做。那么，选对了方向之后，我们怎样才能很轻松地把公司发展好呢？中国有句精辟的古语，"大道至简"，即是说，大道理都极其简单，简单到一两句话就能概括。企业经营也是如此，我们纠结很多，只会越发迷惑，倒不如将事情简单化，这是一个优秀领导者的必备素质。

抓住事物的本质，复杂问题简单化

稻盛和夫说："真理之布由一根纱线织成。把事情看得越单纯，就越接近真相，也就越接近真理。因此，抓住复杂现象背后单纯的本质，这种思考方式极为重要。"

稻盛和夫在 27 岁时创办京都陶瓷株式会社。随着公司规模越来越大，稻盛和夫面临的经营方面的问题也越来越多：营销的问题、财务的问题层出不穷，内部员工矛盾重重。稻盛和夫不得不面临各项事务的决策。经过分析他发现，所有经营的问题都绕不开"销售最大化，经费最小化"。从这一原则出发，营销问题都能化解，复杂的财务报表也变得简单起来了。

企业内部的问题大多是沟通的问题。稻盛和夫是这样处理员工矛盾的：他把矛盾双方叫到办公室，让他们把自己的委屈都讲出来。等双方都说完了，一般问题也就解决了。因此，他得到了员工"公正而有人情味"的赞誉。稻盛和夫的经营秘诀就是抓住事物的本质，将复杂问题简单化。这个秘诀是如此朴实，如此简单，如此让人难以置信。

在我认识的销售人员中，有两位特别优秀。第一个很会卖产品，10位客户里面有9位能成交；而同样的产品，别人来卖，无论怎么努力都卖不出去。第二个能把整个销售过程话术化、场景化，在他手下，复制出了一批又一批销售精英。他们两位哪个价值更大？显而易见，具备超强销售能力的那位价值一般，能够把超强销售能力、开发能力复制给团队的那位价值更大。因此，在选择股东时，我们肯定要选择后者。他是一个把复杂的事情简单化的人，是一个更有价值的人。

第3章 创业者如何玩转股权

模式化运作，简单的事情流程化

将复杂的事情简单化后，事情就有了流程化的可能。但是仅仅靠人聪明的头脑，靠人从事经营的能力，虽然可以获得一时的发展，仍然十分脆弱，在很大程度上会在某个时候遇到挫折，陷入困境。如果我们将提取出的事情的本质做成流水线一样的流程，那么它就可以有效避免人性的不稳定性。

我们在上面提到的有价值的那位销售人员，他把销售过程中的拉新、养熟、成交、裂变都做到了流程化：拉新有几个步骤，养熟有几种方法，怎么促成成交，客户怎么实现裂变……把这些环节都做到了流程化、模型化，公司就不用再依赖于某个销售员或某个销售经理，它能做到生生不息、生命蓬勃。这就是流程化的魅力。

> **案例**
>
> 我有一位客户经营着一家叫"火龙田记臭豆腐"的公司。在创业初期，这位客户每天推着炸臭豆腐的车出来卖臭豆腐，晚上6点多出来，夜里12点多回去。他卖出一份臭豆腐，可以挣2元，一个月挣5000元到10000元。现在，他每天坐在宽敞明亮的办公室里，往左看是几百平方米的大厂房，往右看是一栋四五层的办公写字楼。这家公司全国的加盟商有几千个，一个加盟商要先交12800元的加盟费，后续也会源源不断地从公司总部进货，因此生意特别好做。

这位客户做了什么事情，让一辆小推车变成了拥有数千个加盟商的大公司呢？他做的就是我所讲的将复杂的事情简单化，将简单的事情流程化。创业者想卖臭豆腐：

第一，他要买一辆车，车上要用到的东西得一样样配齐。

第二，他要买豆腐，还得注意保存好。

第三，他要买调料，每天调好之后，推出去卖。

火龙田记臭豆腐就是把这些东西都简单化。只要你交了加盟费，所有的东西你都有了，车、灶、锅、盒，还有第一批货都给你供齐了，加盟者只需推出去卖就可以了。

工作流程也非常简单。炸臭豆腐就像煮方便面一样，从袋子里拿出来，等油变热就放进去，过两分钟捞出来，把调料袋撕开，倒在炸好的臭豆腐上，工作就完成了。加盟商交了加盟费，节省了自己的时间，节省了体力，节省了犯错的成本。火龙田记臭豆腐为他创造了价值，自己也能从中赚钱，最终实现了双赢。

第 4 章

如何利用股权打下市场

过去人们打仗是为了抢地盘,现在企业竞争是为了抢市场。过去要想取得胜利,人们必须有粮草;现在要想赢得市场竞争,企业必须懂股权设计。

两千多年前,阿基米德说过:"给我一个支点,我可以撬起地球。"现在,企业老板们要知道,有了股权设计,你就找到了撬动全球市场的支点。

巧妙的股权设计,可以把人、资金、资源都发动起来,让他们帮你把产品、服务、项目推向市场,以点带面,以连锁裂变、病毒营销的方式,让事业版图迅速扩张到全国市场。

第19课

关注重点，抓住关键

管理大师彼得·德鲁克说过："没有一家企业可以做所有的事。即便有足够的钱，它也永远不会有足够的人才。它必须分清轻重缓急。最糟糕的是什么都做，但都只做一点点。这必将一事无成。不是最佳选择总比没有选择要好。"

德鲁克特别强调了取舍的重要性。我们能做的事是有限的，而应该做的事却是无限的。要想做出一些成绩来，就要舍掉非主要事务，将精力聚焦在主要事务上，我们才更容易取得成绩。

对于企业老板和核心股东来说，懂得关注重心、把握经营的核心点，这样的企业方向正确、方法准确，想不成功都难。相反，如果老板每天低头干一些鸡毛蒜皮的事儿，公司上下累死累活，很可能还是赚不到钱。

对于企业经营者来说，抓住了重点，就可以以小博大，以少赢多，轻轻松松，一飞冲天。有些企业经营模式特别成熟，有了可靠的产品后，即便在微信群里一吆喝，就可能很轻松地融资 100 万元。而有些企业一直抓不到要点，创始人从家里拿钱给员工发工资、交房租，家里的钱越花越少，项目也很难走下去。

打造指数型组织的两个要点

对于传统产业的老板来说，他最应该关注的重点是什么呢？在第 13 课里面我们重点讲了指数思维，它能让企业效益急速裂变。产业老板最应该关注的就是如何在传统行业里，运用指数思维打造出指数型组织。

指数型组织有一个重要的特征：它最终能达到的规模取决于市场容量的大小。市场有多大，最终就能够做到多大，而且市场容量在增长到一定规模后，后期增长的成本几乎为零，使用的用户越多，增长的速度就越快。小米就属于指数型组织。

> **案例**
>
> 我的一个朋友韩雷操作了一个优秀的项目。这个项目有一定的复杂性，他借鉴了滴滴的模式运作货运行业，操作起来很顺利。在短短一年时间里，就有一两百辆大货车加盟，在当地形成了一定影响力，正向全国裂变式发展。这个项目发展到最后就是经营信息，韩雷抓住了这个重点，将事情简单化了，反而更容易成功。

一般来说，打造指数型组织要抓住两点：

第一点，组织应收集、组织、应用和释放数据，让算法和规则成为组织运转的核心。

比如爱彼迎、美团外卖等平台，用户的所有活动都是由算法规则来管理的。算法规则可以避免由于用户暴增而带来的额外管理成本，也可以让用户清晰地知道自己能在平台上得到什么。

第二点，组织不需要拥有大量的实体资产，而是通过运营数据撬动社会上大量的闲置资产。它们从而获得增长收益，用最低的成本实现快速增长，而且增长也不会带来额外的资金成本，可以说风险比较低。

借力微商平台的关键在股权设定

前几年，企业界瞧不起做微商的人，觉得他们不入流。最近几年，人们对微商开始有了新的看法，尤其是生产型企业，也开始借助微商渠道。我认为，生产型企业一定要关注微商，这很可能会成为新的利润增长点。

第一，微商团队投入相对比较低。生产型企业与微商平台合作，不用给他们交五险一金，也不用给他们安排工位，用人成本几乎为零。只要你的产品能对接好适合的微商团队负责人，你就能拥有一支强大的推广团队。

第二，与微商团队合作，可以有效解决占压货款的问题。生产型企业与国美、苏宁等平台合作时，一般都是先发货，等这些销售平台卖完了货，才能回款。然而在很多时候，货款一压就是一年。很多企业想大范围地铺货，都没那个资金实力。很多生产型企业就是因为大渠道商拖压货款，被活活拖死了。微商平台则解决了这个问题：他们不压货款，不会给企业造成资金负担。

2021年2月，国内知名数据分析及调研机构艾瑞发布了关于微商发展趋势的数据分析。数据显示，中国微商市场交易规模在2019年已经超2万亿元，在2020年更是以110.2%的同比增长率，实现了超过5万亿元的交易规模。艾瑞预测，随着社交生态平台电商布局的进一步发展，预计2023年微商从业者数量将达到3.3亿。如此庞大的交易规模和从业者规模，使得微商成了企业经营中一股不可忽视的力量。传统生产型企业该如何在移动互联网时代，顺利地与微商产生联系呢？这就涉及了我们讲的股权关系问题。

关于股份，敢分是勇气，会分是智慧。和微商合作，首先要找到靠谱的微商团队；其次要拿出合适的股份，要舍得把股份分出去；最后还要懂得设定成熟期，以期限和成果来制衡对方。销量多，双方实现共赢；销量上不去，企业还可以把股份从微商手里收回来，也不会有太大的损失。

社交电商是未来大趋势

所谓社交电商，是指通过社交网络平台或电商平台的社交功能，

第 4 章 如何利用股权打下市场

将关注、分享、讨论、沟通互动等社交化元素应用到电子商务的购买服务中，以更好地完成交易的过程。社交电商与微商有相同之处，它们都是以社交为前提，通过社交实现人、货、场景的生态链。不过，社交电商更加注重以客户为中心，增强平台与客户之间的联系，最大限度地开发客户的终身价值。

2018 年 7 月，拼多多只用了短短的 27 个月的时间，就在美国纳斯达克正式上市。同样是在美国纳斯达克上市的公司，京东用了 10 年的时间，唯品会用了 8 年的时间，淘宝用了 5 年的时间。拼多多的快速崛起，让大家看到了社交电商的机遇和前景。

与此同时，在社交电商迅猛发展的大趋势下，互联网行业巨头，如京东、唯品会、小米、小红书、苏宁等也都推出了自家的社交电商平台，并取得了良好的效果。

2020 年，社交电商整体规模达 3.7 万亿元，消费者数量逼近 7 亿人，从业人数超过 7000 万人，传统与创新的融合度接近 70%。社交电商领域是一块大蛋糕，传统企业都需要认真思考，自己应该如何与社交电商产生联系，找到适合自己的方式，在社交电商发展的趋势中迎风而上。

第20课

重赏复购，树上开花

我们讲的"关注重心、擒贼擒王"比较适合一些大的城市或者规模大一些的项目。借助互联网技术，我们可以影响到全国的市场。与这些大城市、大项目相对，我们身边还有很多只面对所在城市、所在区域，甚至所在小区，市场非常狭隘的项目。对于这些项目，利用覆盖全国的传播技术可能就不太实用。

有这样一句歇后语："高射炮打蚊子——大材小用。"事实上，用高射炮打蚊子，不一定有用，很可能大炮轰了半天，蚊子照样活得逍遥自在。这时，我们如何使用股权，让项目有好的发展呢？这就是我们马上要说的复购策略。

复购策略的核心是深挖客户需求，产生关联销售和重复销售。我看过一本名为《如何说客户才会听，怎样听客户才肯说》的书，书中介绍了许多关于销售的技巧。书里有一个关于销售员的故事，甚是有趣。

一个年轻人到一家大型的百货供应公司应聘销售员,老板让他先试干一天,再决定是否留用。傍晚下班时,老板问他做了几单买卖。他说:"只有一单。"老板很失望,漫不经心地问他这一单的销售额。

年轻人回答:"30万美元。"老板不敢置信,便问道:"你是怎么做到的?"年轻人是这样回答的:"有位先生需要鱼钩,但是不确定自己应该使用什么样的鱼钩,因为他是新手并且他的空闲时间比较多,收入丰厚,对钓鱼很感兴趣。我告诉他,在海上或江面上钓鱼用的工具是不一样的。于是,我卖给他大、中、小号三种鱼钩和鱼线,还有鱼竿、鱼篓、折叠椅、遮阳帽。我问他去哪儿钓鱼,他说最想去海边,所以我建议他买条船,并带他去了我们卖船的分公司,卖给了他一艘20米长、有两个发动机的帆船。那位先生的汽车拖不动这么大的帆船,我又将他介绍给我们的汽车销售部门,卖给了他一辆新款豪华车。"[1]

这个有趣的故事告诉我们:市场份额是有限的,可人们的需求是无限的,如果我们能深挖客户需求,让客户在购买完一件产品后,会再次购买这个产品或者会进一步购买其他产品,那我们就不愁销量和利润了。那么,我们应该如何促进客户复购呢?

---

[1] 章岩:《如何说客户才会听,怎样听客户才肯说》,现代出版社,2013,第4-5页。有删减。

第 4 章 如何利用股权打下市场

复购的决定因素一：选址

俗话说"一步差三市"，即开店地址差一步，就有可能差三成的买卖。对于以周边居民为主要消费群体的店铺来说，一个店面火爆与否，七分靠店铺的选址，三分靠经营者的能力。由此，我们可以看出选址多么重要。

比如，同样加盟一家饺子馆，你的店在很短的时间内就倒闭了，别人的店却经营得非常好，造成这种两极分化结果的一个主要原因就是选址错误。选址就是在选客户：你是选择优质客户，还是选择中端客户，还是选择低端客户？你是选择白领精英，还是选择退休在家的大爷大妈？

项目的选址要与项目的目标客户相匹配。一旦项目与客户匹配成功了，这个店铺的复购率会大大提升，这类店铺就"自带流量"——它天然带有人气、生气、活气、财气。相反，如果地址选错了，店铺就缺乏流量，会影响店铺的复购率。因此，选址在很大程度上影响店铺复购率的高低。

复购决定因素二：口碑

现代社会，随着移动设备的普及，人与人之间轻而易举地实现了联结，社交媒体的作用也越来越突出。在社交媒体中，人人都是自媒体。人们的分享欲望越来越强烈，这使得信息的传播速度越来越快，某一产品的口碑传播的速度也越来越快。

口碑传播的速度越来越快，没有购买过这款产品的人也会参考用户对产品的评价。因此，客户口碑的力量越来越强大。在这种背景下，客户对产品的认可会被无限地放大，客户对产品的差评也会被无限地放大。

在经营的过程中，经营者要有意识地运用客户口碑，并引导客户成为产品的宣传员、推销员，吸引更多的新客户。

复购决定因素三：联盟

客户的口碑很重要，让客户成为你的义务推销员却不容易。为此，我们研究了一套客户自循环系统解决这个问题。

第一步，成立一个异业联盟。我们将一个区域里的不同行业的30家商户组织起来，把他们的信息做成一个册子；每家商户拿出一个引流产品，客户凭着册子到这家商户可以免费领到这个产品。这里有一个前提，这30家商户之间的业务是不冲突的——饭店只有一家，洗车行只有一家，美发店只有一家，瑜伽馆只有一家……彼此的业务互不冲突，客户特性却有相通之处，这样彼此之间的客户才可以共享。

第二步，我们会给每家商户安排任务：分给每家商户100本册子，要以100元的价格卖出去。有人可能会有疑问，客户凭册子可以免费领取商户的一份产品，商户难道不会吃亏吗？商家会吃亏

第4章 如何利用股权打下市场

吗？一点不亏。

懂运营的人都知道，在店铺经营的过程中，最重要也最难得的内容就是获取客户。一旦一位新客户来到店里，你就要想方设法让其体验到店里的产品和服务，并为其留下良好的印象。这是店铺经营的核心之一。如果客户肯花100元买下这本册子，说明他是有一定消费能力的优质客户。用一件成本只有二三十元的产品获得一个新的优质客户，是很有价值的。

第三步，为那些推销册子的核心员工制定激励政策。人们做事都有惯性的思维，他们只认工作岗位上的事情，你给他们临时交代一个任务，很多员工会不想干，这就需要恰当的引导。

其一，我们要给员工及时奖励。一本册子售价100元，员工卖出去一本可以得到30元的奖励，100本都卖出去，就可以得到3000元的奖励。这样，他们就会积极地向接触到的客户做产品或者服务的介绍。

其二，关注客户的复购率。员工在与客户接触后，如果客户可以在一定的时间内（比如一个季度或者半年）来店里消费三次，员工在年底就能拿到股权分红。为什么要看重客户的复购率？一般情况下，客户光顾一家店铺三次之后，就很可能熟悉店铺的一些情况，如店铺的陈设、店铺出售的货品等，成为店铺会员的概率将会大大提升。这样，他们就会成为店铺的固定客户甚至终身客户，源源不断地给店铺带来更多的流量。

对商户来说，把优质客户转化成终身客户，也有助于提升销售人员的服务意识——这等于在店铺内部建立起了一套客户自循环系统。长此以往，就形成了一种良性循环，店铺可以获取长期利益、短期利益、实际收益、潜在收益，可谓一举多得。复购率提升了，业绩也就增加了，利润自然也会相应增加，最终的股权分红也会增多。

第 21 课

持股联盟，优势互补

接下来我们要重点说说联盟。

依靠自家的销售员建立客户自循环系统，固然很重要，但是在这个时代，借助他人的力量发展更加重要。成大事者都懂得与人联盟的重要性。

> **案例**
>
> 红顶商人胡雪岩的发家史，就是一个善于利用资源的经营史。
>
> 前期，他借助好友王有龄的力量获得了浙江藩库的代理资格，这样国家的资产就成了他的周转资金。后期，他借助左宗棠的权势，拿下了为左宗棠办漕粮的资格，进而控制了漕粮的营运；后来又为左宗棠采办军务，这让他的事业如日中天。
>
> 胡雪岩有了一个个关系国本的运营资格，这让他掌控了粮食、弹药、资金等各种资源，显赫一时。

从胡雪岩的事例中，我们可以看出：干大事的人都擅长和别人合作，借助别人的力量达到自己的目的。

四种经典的合作模式

第一种合作模式叫结义模式。

典型的代表是"桃园三结义"。刘备、关羽、张飞举酒结义，对天盟誓：不求同月同日生，但求同月同日死。刘备用结义的低成本方式，加上"匡扶汉室"的响亮口号，在群雄割据的年代，快速建立了一个高效团队。即使曹操挖走关羽，关羽也是"身在曹营心在汉"，原因就在于"誓以共死，不可背之"。

第二种合作模式叫收徒模式。

找不到大咖合作，那就收点儿"小徒弟"。唐僧取经就是采取这种模式。一表人才、知书达理、满腹经纶的唐僧，收了大闹天宫的孙悟空，以及被贬入凡间的猪悟能、沙悟净为徒。在去往西天取经的路上，遇到妖怪让孙悟空出马，遇到内讧让猪八戒和稀泥，平时诸如挑担子的辛苦活儿让沙悟净来干。师徒四人一路降妖捉怪，历尽艰辛，最终取得真经。

现在也有很多人用收徒模式，比如德云社。郭德纲靠收徒，在相声界风生水起。培训行业也普遍流行收徒模式，讲师向弟子收取学费，弟子们还得为师父贡献自己的资源和力量。收徒制是借助他人的力量发展的"高性价比"模式。

第三种合作模式叫结亲模式。

《红楼梦》里面,"贾史王薛"四大家族互相结亲。贾母是史府千金,贾政的夫人王氏是京营节度使王子腾之妹,王熙凤也是王府的千金,宝玉后来娶了薛家千金薛宝钗。

历史上的结亲联姻数不胜数。汉武帝娶馆陶公主女陈阿娇、王昭君嫁匈奴单于呼韩邪、刘备娶孙尚香、文成公主嫁吐蕃赞普松赞干布、建宁公主嫁吴三桂子吴应熊、康熙帝娶索尼孙女赫舍里……都是结亲联姻的典范。结亲联姻是结盟发展权利最快的最有效的模式。

第四种合作模式叫合伙人模式。

这可能是现在最流行的合作方式,毕竟结义也好,收徒也好,结亲也好,如此古老的合作方式,发展到现在可能有些水土不服了。

合伙人模式有多种形式:梦想合伙人、战略合伙人、城市合伙人、执行合伙人、联合创始人……只要玩得转,就不愁人脉和资源。如果今天你还在单打独斗,与自己死磕,我建议你尽快与人建立联盟。

不管你是哪路豪杰,上述四种模式,总有一款适合你。

持股联盟可快速打开市场

持股联盟是提高公司、企业知名度的重要手段。在营销"五度"(知名度、信任度、品牌度、忠诚度、依赖度)里面,知名度排在第一位，因为没有知名度就没有一切。通过联盟，可以让外部资源为你免费打广告，扩大知名度。

> **案例**
>
> 还是用我的朋友韩雷来举例。韩雷这个人有个特点，学东西特别快。当我们给他出方案之后，他马上就能落地执行。在尝到甜头之后，韩雷有好几个项目都找我做股权设计、连锁设计。一开始，韩雷没有什么资源，我们建议他在当地寻找资源。于是，他联系了当地的知名大咖，他们各买了他 5% 的股份。一个是"微高阳"，其微博和微信在高阳县有 10 多万的粉丝；另一个是当地的大屏幕广告发布商，为韩雷的业务做宣传。通过 5% 的股权让渡，借助两位线上线下的大咖，韩雷的货运品牌在当地就一下子打开了市场。持股联盟也是快速占领市场的一条捷径。小公司如此，大公司亦如此。当年 IBM 公司购买了 200 家欧洲国家的软件和电脑服务公司的少量股份，并与当地的经销商建立了良好的联盟关系，从而借助中间商的力量，快速占领了当地市场。

持股联盟的核心是资源互通，合作共赢

有人把普通人在市场经营中的做法比喻成打麻将：这些人只是"看住上家，扣住下家，防住对家"。这种做法往往会导致这样的结

第4章 如何利用股权打下市场

果：我做不成，你也做不成。而高手的做法则要高明得多。高手的做法如同下围棋：双方纹枰对坐，你在那个位置落子，我就在这个位置落子；你卖汽车，我就开加油站；你开饭店，我就开旅馆。在竞争中有合作，在合作中也有竞争，最终实现互利共赢。

持股联盟要想稳定下来，前提必须是双方可以做到优势互补，否则就是资源叠加，而非有效的配置。只有在联合中突出各企业的资源差异性，才能尽最大可能避免劣势，达到"1+1＞2"的联合效果。

"龟兔赛跑"的故事在中国可谓妇孺皆知。著名经济学家厉以宁教授对这个故事进行了全新的演绎：龟兔第一次赛跑，乌龟持之以恒，跑了第一名。第二次比赛，兔子一口气跑到了终点，成了冠军。第三次比赛，乌龟指定了比赛路线，兔子快到终点时，被一条河挡住了去路，只能干着急，乌龟游过了河，得了第一。在第四次比赛时，乌龟和兔子决定合作。于是，在陆地上，兔子驮着乌龟跑，很快跑到河边；到了河里，乌龟驮着兔子游，结果是双赢的结局。

厉以宁教授总结了乌龟与兔子的四次比赛带给人们的启示。第一次的启示是：当你处在劣势的时候，不要气馁，不要松懈，坚持到底，等待对手犯错误。第二次的启示是：要善于把潜在的优势变成现实的优势。第三次的启示是：当你发现原来的策略无法见效时，就要及时调整策略，改变策略。第四条启示最重要，那就是要合作，优势互补，实现双赢。

乌龟和兔子在第四次赛跑时的新选择是厉以宁为竞争设计的新模式，其主旨是：竞争是手段，双赢才是目的。

持股联盟能做成很多看似不可能的事

> **案例**
>
> 2021年3月30日，雷军宣布小米造车计划，他表示愿意倾尽小米多年来积累的1000亿元现金，为"米粉"造车。雷军的这一决定，引发了业内和众多网民的激烈讨论：小米为什么要造车，小米造车会成功吗？
>
> 如果你了解了小米的生态链，这些疑问或许能找到答案。
>
> 2013年，雷军团队触摸到"智能硬件"和"万物互联"的趋势后，立即瞄准物联网的风口，在2013年下半年开始组建小米生态链的投资团队，并采取"投资+孵化"的模式，寻找和扶持生态链企业，构建相关产品的生态链。到2019年第三季度末，小米已经投资了超过280家公司，总账面价值达到287亿元，远远超过了雷军立下的"5年内成立100家生态链公司"的目标。
>
> 据资料显示，小米生态链的核心是用投资的方式，找最牛的团队，用小米的平台和资源，帮助企业做出最好的产品，迅速地布局物联网。一心想要打造生态链的小米，其重点是设计合理的商业模式，负责整个生态链运转所需

的核心环节投入，确保整个生态链的稳定性，并依靠小米整体的供应链、销售渠道、营销团队、品牌形象等优势来让生态链企业能够快速成长，实现长期共赢。

小米充电宝就是小米生态小试牛刀的一个成功案例。创立于2012年的北京紫米科技有限公司（以下简称"紫米"），早在2014年就推出了自家的充电宝，然而没有在市场中激起任何水花。机缘巧合之下，紫米创始人张峰结识了雷军，张峰跟小米达成合作，背靠雷军，结合自身的技术和经验，推出了一款既有质量又有设计，售价还不贵的移动电源，这就是贴合小米生态圈产品风格的小米充电宝。2016年，小米充电宝的累计销量就超过了5500万台，成了全球第一。到了2019年初，小米宣布其移动电源全球累计销量突破1亿台。

小米生态圈为旗下企业进行三种主要赋能：模式赋能、粉丝赋能、资本赋能。在生态圈内，各个企业以资本为纽带联结在一起，各个企业既能有效发挥自身优势，又能彼此借势，以生态模式来推进项目，成功率自然比企业单打独斗高得多。

成功学有一句话讲得很好："成功一定有方法，失败一定有原因。"很多创业老板遇到强敌之后要么犯怵，要么死磕，其实也有第三种方法——找到竞争者，交叉持股就可以解决问题了。现在不仅是竞争时代，更是竞合时代。竞合时代最大的特点是"共赢"，聪明的老板，凡事都先去寻求合作，而股权联盟就是共赢合作的最好工具。

第 22 课

股权激励，病毒营销

2013年5月，一只高、宽各16.5米，长19.2米的橡皮大黄鸭出现在香港维多利亚港，吸引了几百万游客参观，它也被多家媒体竞相报道。大黄鸭走红，谁获益最大？答案是香港著名的购物商场——海港城。海港城用最低的成本，吸引了最多的人气。

2018年1月底，"神州专车"推出一支"Michael 王今早赶飞机迟到了"的 H5，调侃职场人的不容易。H5 的成本很低，却一夜之间刷爆朋友圈。仅用了一天的时间，浏览量就超过了300万人次，无疑是又一个低成本获得大收益的传播案例。

自从网络盛行，尤其是移动互联网兴起之后，像这种低成本、高收益的"病毒营销"会越来越多。有些是通过线下活动的精心策划，而更多的是通过一个有趣的小视频就达到了惊人的效果，有些公司甚至通过一张图片就传遍网络世界，实现营销目的。

比如，那条让人分不清到底是"白金"还是"蓝黑"的裙子。

这张裙子照片之所以能够漂洋过海，成为全球议论的焦点，要归功于一个擅长病毒营销的新闻聚合网站——BuzzFeed。

这种低成本大收益的病毒营销方式，正是初创公司所梦寐以求的——花最少的钱，办最大的事情，每个创业者都会举起双手欢迎的。病毒营销并不是大企业的专利，小公司也是可以玩转的。即便没有实力策划出惊天大活动或者没钱推广有趣的视频，小公司依然有其他方法快速出名。

如何让人疯狂传播你的店铺

> **案例**
>
> 我做过的最成功的一件事，是让几万人疯狂传播一家店铺，而且是真正实现传播。
>
> 我们服务过一家叫"媚芙堂"的公司，它是专门修复斑疤痘问题性皮肤的。这家公司的连锁店前期其实发展得也很快，在一年多的时间里发展了大概500家店。和我们合作之后，发展速度加快，达到了1000家店。在硬广告失灵的年代，我们是如何让它加速发展的呢？
>
> 媚芙堂之前的模式就是卖加盟店，加盟者购买5万元左右的产品，自己再有20万元开店资金就可以了。基本上把囤积的产品卖完，前期投入的成本就都收回来了，所以很容易加盟。理论上，只要产品好、卖得快，加盟的人自然会很多。

第 4 章 如何利用股权打下市场

但是在传播、营销、百度推广费用较高的情况下,如何让更多人知道且更快地加盟呢?我们给它做了一件事情——产品的媒体化,就是用一款产品做引流。

比如,市场上的海藻面膜每盒能卖到30元到50元,我们以最低的价格卖给微商团队,宁可每盒面膜只赚一两元钱,也要扩大影响力,打出名气。经过几万个微商大力销售这款海藻面膜,消费者很快就知道了媚芙堂这家店。

为了验证方案的可行性,我组建了一支40人的微商团队,用两个多月的时间卖出了7000盒海藻面膜,并且成功地孵化出了两家加盟商。一个是北京顺义的老板,他觉得这个项目不错,前景好,很快就在顺义选址、装修和开业了。另外一个是听过我课程的粉丝,来自江西某城市。

按照这个推算,7000人里面即产生两家加盟店,7万人就能产生20家加盟店。另外,卖7万盒海藻面膜,如果一盒赚2元,也能赚14万元,在赚钱的同时还宣传了店铺。

把店铺里面一款产品推荐给微商团队,形成产品的媒体化,你就不用推店了。我们都知道,现在推店的成本是很高的,并且不一定保证精准投放,而这种以品推店的病毒营销方式就非常有效。

病毒传播和股权有什么关系

有人可能会质疑，你讲的不是股权吗？你讲的病毒营销跟股权有什么关系？我来告诉你它们有什么关系。所有的病毒营销都需要有人去策划和执行，谁能帮你干成这件事，符合这三个前提——低成本、高利润、速度快，你就把股权给谁。

"工欲善其事，必先利其器"。人之所以能成为大自然的主宰就是因为人更懂得使用工具，企业要想达到病毒般快速传播的效果，就需要运用股权这个强有力的工具。

在媚芙堂项目当中，研发团队的执行能力非常强，很快便研发出两款微商产品，一款是海藻面膜，一款是九九樱桃洗面奶。老板为这两款产品专门成立一个公司，目的就是吸引其他团队或者个人的加盟。研发这两款产品的成本，通过卖20%的股权就收回来了。

企业把股权分给谁呢？可以自己找微商团队，也可以通过微商外包公司。刚刚起步或者缺乏自建团队实力的公司，处在一片混沌之中，对于企业定位、品牌定位、产品定位、消费者定位等各方面问题可能缺乏了解，在确定发展方向的时候，可能会出现较大的偏差。这时候企业可以寻找专业的微商外包公司，让外包公司去经营产品的宣传和推广业务，自己就省事省心，只要盯住是否有效就可以了。

那么，有具体的衡量标准吗？简单来说，哪个渠道卖的量多，哪个渠道加盟的店数多，你就可以给它相应的分红权或者实际的股

第 4 章 如何利用股权打下市场

权。你只要给股权,激励效果就会出来,裂变的效果会超乎你的想象。企业经营者只要关注三个核心:客户能不能循环?产品能不能传播?店能不能裂变?至于如何落实股权合作,交给专门的律师负责就好了。

第23课

股权合作，单店裂变

解决完传播问题之后，我们再仔细说一说单店裂变的问题。

大家先思考一个问题：为什么许多老字号只能在本地经营，无法走出去？像全聚德、狗不理等老字号，离开了当地的土壤，为何会遭遇"水土不服"？

我认为有三个主要原因，其中第一个原因就是口味的问题。有些老字号本地人认为不错，但是外地人并不买账。很多人到老字号"打卡"，只是冲着老字号的名气，尝个新鲜而已。

第二个原因是这些老字号的加盟门槛太高。要求单店规模都太大，店面2000平方米起步，加盟至少得1200万元单店投资，对很多人来说都吃不消。

第三个原因是老字号走不出去，通常与口感、口味可复制性不够强有关，尤其是以包子、饺子等食品为主打的老字号。以前的餐饮行业都是师父带徒弟，新人要从学徒干起，要用三五年的时间才能出师。

那么，老字号就不能在异地落地生根、开花结果了吗？只要它愿意改变，自然是可以取得不错的效果的。比如，降低单店规模、改良口感口味、规范教程，等等。

与老字号异地经营局面艰难相反的是，近年来有很多餐饮店以极快的速度裂变方式在全国遍地开花。像我们熟悉的呷哺呷哺、味千拉面、张亮麻辣烫、火龙田记臭豆腐、曲家饺子、志和海鲜等，每年都以上百家店的增速在全国扩张。

案例

我曾经服务过一个餐饮品牌叫"西安花田煮牛肉潮汕火锅"（以下简称"花田煮"），它也以极快的速度裂变。这个品牌为什么发展迅速呢？我认为一个核心的原因在于，这些人都不迷信书本和理论——他们不讲套路，不一味地用学术理论来套实践。经营灵感一来，就天天跟员工跑市场，天天跟对手接触，发现卖得快的产品，就赶紧跟上。

有一段时间，我经常跟花田煮的老板刘孝国、曲家饺子的老板曲建军就店铺的经营问题进行探讨。我问他们店面死亡率如何？他们的回答很接地气："我们做餐饮就一个指导原则——不恋战。一旦选址了，就马上进行；如果店铺在三个月达不到预期效果，就赶紧撤。不能用猜测和怀疑的态度去做事，只要一嗅到商机，马上就干，干了再说。"我最大的体会就是，凡是干得好的老板，都只学

第 4 章 如何利用股权打下市场

> 有用的,并且不会迟疑,都很果断。在别人还在犹豫的时候,他们可能已经开了1000家店了。

我在讲股权36计课程的时候,口号和导语就是,"不是所有的股权设计都需要做大手术"。有人给你讲许多内容,像历史、来源、国家演进的变化,然后发给你一套很厚的文件。那套文件别说使用了,受过中高等教育的人能看一遍看明白,我觉得就得花费两年的时间。正如老板们所言,即使理论正确,如果生搬硬套,或者不去实践,理论就是无用的,理论的效果并不如实践的效果来得快。

那么,如何才能实现单店的高速裂变呢?

高速裂变第一步:城市代理

单店高速裂变的第一个步骤就是寻找城市代理。

现在火龙田记臭豆腐就做得很好。前段时间我问他们老板,他说以前好多客户都找到总店谈,往往这里一堆意见,那里一堆问题,成交率也不高。现在引进了城市代理制度之后,就省心多了。以前总店要自己下去谈加盟商,一年找到50个加盟商就不错了;现在5个人很轻松就能成功找到50个加盟商。

城市代理模式的本质是:各自用自己的资源和经验进行合作,相互之间取长补短,互通有无,达到利益的最大化。城市代理和品牌方之间实际上是一个利益共同体,双方共享项目,共同创业。城市代理模式更进一步促进了资源和利益的最大化挖掘。

现在大部分餐饮企业都采用这种方式进行裂变。

"饿了么"是中国专业的餐饮O2O平台，它采用的也是城市代理模式。"饿了么"面向全国1000个中小城市招募城市代理商，负责在各城市的市场开拓、城市管理、即时配送等业务内容，分享各项业务所得。

在这种模式下，无论是合作伙伴还是代理人，都能够对各自城市的资源有较高的掌握度，能够更好地在各自的城市搭建属于自己的运营团队，极大地减轻了公司初步开拓的困难，更能在实际中调动本不属于公司的资源，将大大减轻公司的负担。

城市代理的原理我们在前面也讲到了，就是指数型思维。当你找到了可靠的城市代理，分配好利润，后面就等坐着挣钱了，而且它的裂变速度会变得越来越快。

高速裂变第二步：股权众筹

如果想裂变速度再快一点，怎么办？也有方法，就是采用股权众筹。从法律角度，有限责任公司允许"由五十个以下股东出资设立"，股份有限公司"应当有二人以上二百人以下为发起人"。在这个范围内众筹是允许的。

举个例子，如果你想加盟花田煮，或者曲家饺子，需要的启动资金是50万元。实际上你不用投入那么多钱，你可以找49个人，

第4章 如何利用股权打下市场

一人投入1万元就够了。接着你要做的是,拼命想办法让你的股东赚钱,最好能在五六个月内回本,每个月分红。在这49个人中,估计会有5个甚至10个人效仿你的方式。裂变就是这么发生的。

众筹的核心裂变就在这里:加盟孵化器。过去,上千家店的发展速度看上去是令人难以置信的,现在每一天却都在上演。只要把股权、传播、产品、众筹用得娴熟,奇迹就会诞生。关键是你要敢做。当然,要在法律允许的范围内去做。

我总是对企业经营者说,不要死读书。读书确实能换来成就感——读完书之后总是感觉自己在知识上、思想上又进步了,自己知道的东西又多了,但是很多时候,你在执行的过程中会增加挫败感。一旦在执行中发现书上提供的理论、策略不行,产品卖不出去,就会产生十足的挫败感。读书使人进步,但那只是思想上的进步。

真正实干家的思维模式是什么?我认为是裂变思维。确定了目标和方法,然后就去行动,一气呵成。坚信别人能做成,我也能做成;别人三个月做成,我就要一个月做成。

如果经过试错之后,自己依然做不来呢?有的人可能选择放弃这件事,转而去做另一件事。而实干家则不同:他会找人合作,努力去完成这件事。至于是"拜把子"能解决?收徒能解决?是联盟能解决?是找合伙人能解决?还是找微商团队能解决?要具体问题具体分析。股权合作,就是这么做出来的,是在合作中形成的。而不是反过来,先去找一堆理论家设计,再去找人合作。

第24课

众筹连环,爆炸增长

我们在这一部分详细讲讲股权众筹的实操和裂变方式。

在现实中,主要有三种具有可行性的众筹方式:产品众筹、会员众筹、股权众筹。当你把这三者都能用好的时候,你开店的速度会变得飞快,并且轻松愉快。

众筹的核心是什么呢?前面我们提到,要想降低开店死亡率,方法之一是选址要对。这是传统的做法。在众筹流行之后,便诞生了降低开店死亡率的新方法:在店铺开业之前,拉长销售周期,就是在店铺开张的半年之前,就已经开始收钱了。

在这方面,目前最厉害的当属房地产行业。地产商一拿到地皮,就开始建售楼处,大张旗鼓地做预售方案。这种销售方式,在房地产行业被称作"卖楼花""预售楼花模式"。

预售楼花模式其实是从香港楼市流传开来的,据说最早由香港商界领袖霍英东于1954年首创。这种模式的运作方式很巧妙,地产商只需花钱拿下一块地，就可以凭借它向银行抵押来贷款；在楼房还没兴建之前，地产商先进行预售，得到预付款后，再动工兴建；等楼房盖成后，地产商把房子出售或出租，再在未来若干年内按月向银行付还贷款的本息。地产商只需支付楼价的10%或20%的资金，就可以玩转几个亿的项目。

李嘉诚进军地产业之后，在此基础上做了改进。他发现这种模式的前提是地产商利益与银行利益高度捆绑在一起，唇亡齿寒，一损俱损。地产商过多地依赖银行，未必就是好事。于是，李嘉诚绕过了银行，自己掏钱盖房子，再预售。李嘉诚有其他产业做后盾，并不缺乏资金，因此他可以这么做。现实中的大部分地产商还是和银行、政府合作预售。

现在地产预售已经发展到了相当厉害的程度。假设地产商要卖200套房，售房现场一定要让2000人来听宣讲，营造"一房难求"的效果。当然，有些好的房产项目确确实实是提前都买不到。

提前做宣传，提前办会员卡，提前让利销售……楼市的这种做法已经蔓延到各行各业了。用开饺子店为例，在饺子店开业之前，店里提前宣传办会员卡，储值"买1000送1000"，承诺到开业的时候会有"再买1000送500"的优惠活动，这样饺子店就可以在正式开张前收到钱了。如果你在一个城市能找到100个人，一个人存1万元，100个人就能存100万元，一个人存5000元，100个人就能存50万元，够开50家店了。如果中途加入50名股东，达到这一目标就很容易了。这就是产品众筹和会员众筹相结合的方法。

现在很多老板都能较为熟练地掌握"产品众筹+会员众筹"的方式。

接下来,我们需要探讨如何玩转股权众筹。

股权众筹的核心是股东义务设置

我有一个好朋友在甘肃经营曲家饺子,他利用"产品众筹+会员众筹+股权众筹"的方法,已经开了3家店了。按照他的话说,"现在我每天都哼着小曲儿赚钱"。

很多人会说,我也曾上过股权众筹的课程,为什么我按照课上介绍的股权众筹方法开店却没有成功呢?有一部分深圳和北京的咖啡厅按照这个模式经营不是也失败了吗?我想说的是,那些没有做起来的,从根源上来看是没有抓住股权众筹的核心。

股权众筹的核心在哪里呢?股权众筹并非人人都能操作的,它有一个门槛,只有那些可以卖出产品的人才有资格参与股权众筹。经过筛选之后,成功进入到众筹阶段的人叫联合创始人。但是,联合创始人不能只联合不创业、坐享其成,联合创始人只有先挣钱,才有资格分钱。

很多人担心会发生这种情况:自己干得多,分到的钱未必就多。这就牵扯到了一个股东义务设置的问题,也就是股权众筹的核心问题。

按照"资本多数决"的原则,股东享有权利的大小与其出资比例或者股份多少成正比。股东出资比例越大,持有的股份越多,所享有的权利就越大。那么与此相应的，股东出资比例越大，持有的股份越多，应该承担的义务也应该越大，吸引加盟的人数、带动的消费也就应该越多。

股权众筹的义务设置合理，大家也都会认可，如果到时候有股东没有履行义务，那么到期后，股东大会就可以令其退出。其他人都在产生价值，没有履行义务的股东不但没有创造价值，反而还抱怨不止，对其他人就不公平，越早请出去越好。因为他担任股东的时间越久，对企业的负面影响就越大。

比如，按照《公司法》的规定，股东是有查阅股东会记录和财务会计报告权的。然而，在现实中越是对投资项目不作为、一心想着分红的股东，越是喜欢惹是生非。

如何让股权众筹不赔钱

想让股东好好履行义务，首先得让他们认定不会赔钱。那么，如何做才能让股权众筹不赔钱呢？这个难度非常高。星巴克、麦当劳、肯德基等连锁巨头们也不敢保证加盟商稳赚不赔。但是，如果股权设计得好，大家在很大概率上就不会赔钱。

在股权设计的章节里，我们讲到了分红权和股权激励。在企业成熟期，还有非常关键的股权设计，叫优先权设计。如果优先权使用得好，投资人就不会亏钱，至少作为发起人的你是不可能赔钱的。

如何理解优先权呢？举个例子，假如你成立一家公司，你自己会做这个项目,你就可以先把可靠型产品的最小可行性产品做起来,然后去吸引投资人追投。如果你在前期投了20万元,后面又吸引到A投资80万元,A占大股,你占小股。尽管A看好项目的发展前景,你也是一个言而有信之人,但A还是会不免担心:自己投了那么多资金,持有大量份额,风险也很大。在这个时候,优先权就可以起作用了。你可以告诉A:"你现在投资最大,以后就算再有B、C、D投资,无论他们投资多少,这些人也都不享有优先收回投资的权利,这样就确保你优先收回投资。"如果项目有足够的吸引力,众筹效果好,或者会员卖得好,很可能店还没开业,A投入的资金就回本了。

投资人最关心什么?

投资人首先关心的是回报率。回报率越高,投资人的投资意愿越强烈。

投资人其次关心的是安全系数。为什么很多人宁愿把钱放在银行里,也不愿意拿出来投资赚大钱?因为银行利率虽然低,但是它带给人安全感。如何让投资人觉得安全?那就是让他觉得不会赔钱。优先收回投资承诺,再加上优惠的年分红约定,就会减少股东的后顾之忧。

投资人最后关心的是投资金额——这个项目我需要投多少资金,或者我能投多少资金。这要根据不同投资人的实力,设计相应的投资金额,尽可能让对方感到轻松,千万不要勉强对方。如果对方感到吃力,在投资之后他就会不断追着公司收回本金,彼此都会很麻烦。

> **案例**
>
> 20世纪80年代中期,温州从一个资源稀缺、交通闭塞、名不见经传的弹丸之地,发展成了享誉全国的民营经济典范。其实,温州的发展靠的就是众筹思维。
>
> 当时,全中国的老百姓手里都没有什么钱,有些人想做一些事情,由于手里缺乏足够的资金,就放弃了。温州人则不同,他们认为:生意并不绝对排斥身无分文者。
>
> 温州民间流行一种"会":如果你急需一笔钱,用来进货或开办一家商店,就出面邀会,请友人、亲戚、朋友、同乡参加,讲明你用钱的理由。若需用5万元,而邀请到了20个人,那么第一个月这20个会员每人出2500元,凑够5万元给你。其后抬阄决定20个会员谁先谁后取得"会金"。

温州人的生意经告诉我们,要善于众筹资本。同样的道理,如果你想开第二家店、第三家店,扩大产业,千万不要因为手里缺乏资金就轻易放弃。借助别人的资本发展自己,才是真正的大智慧。

第 5 章

如何防止"引狼入室"

企业老板引入股东，最怕的就是"引狼入室"——自己想获得的东西没有得到，反倒被人反咬一口，"赔了夫人又折兵"。

有不少人号称自己手上有资源、资金、技术，他们说得天花乱坠，等到他们真正拿到股权之后，却不兑现承诺。我们都没有火眼金睛，无法一眼识别出这样的人。我们该怎么办呢？

在这一章里，我们主要针对资源股东、技术股东、顾问股东、CEO股东，分别阐述在股权设计上应该着重部署哪些预防措施。此外，就资金到账和信任问题，我们也给出了实用的建议。

第 25 课

资源配股，上屋抽梯

案例
　　烟台张裕葡萄酒股份有限公司（以下简称"张裕股份公司"）于1997年、2000年先后在B股和A股公开发行股票，张裕集团是其控股股东和大股东，持股比例为50.4%。1997年张裕股份公司成立时，张裕集团与张裕股份公司签订了"商标许可使用合同"，约定"张裕"等商标由张裕股份公司无限期、独占使用，公司按相关商品销售额的2%支付集团商标使用费，主要用于宣传商标及使用商标的产品。

　　截至2010年6月，张裕股份公司累计向张裕集团支付了4.6827亿元商标使用费，但张裕集团只拿钱，没有任何广告费支出。2010年，监管局责令张裕集团整改，要求早日将"张裕"等商标注入张裕股份公司。张裕集团随后将持有的"黄金冰谷""爱斐堡""爱菲堡""爱斐"

和"AFIP"等商标转让给了张裕股份公司,但是对"张裕"商标并未转让。截至2018年底,"张裕"等商标权属问题仍未解决。

张裕股份公司为了捍卫自身的权益,向控股股东张裕集团要求加速商标转让,始终未果。2019年3月8日晚,张裕股份公司忍无可忍,发布了一条"关于收到行政监管措施决定书的公告",将其与张裕集团的纠葛公之于众。

股东收钱不兑现承诺的事情,在现实中数不胜数。张裕这种情况还属于内部纠纷。如果弱小创业者和陌生大股东之间出现了类似事件,结果可想而知。

为什么有些项目一开始被看好,最终却没有运作起来?一个很大的原因就在于,创始人一开始没有识破资源股东的伎俩,误信了他们的承诺。

三十六计中有一计叫作"上屋抽梯",即把人送到百尺高楼上,却扛起梯子走了。

后汉末年,刘表偏爱少子刘琮,不喜欢长子刘琦。刘琮的后母怕刘琦得势,影响到刘琮的地位,便排挤刘琦。刘琦感到处境危险,遂多次请诸葛亮为其出谋划策,但诸葛亮碍于种种原因,一直不肯帮他。有一天,刘琦请诸葛亮到一座高楼上饮酒,二人入座之后,刘琦便派人拆走了楼梯,然后说:"如果您今天不给我出策,咱们就坐到天昏地暗!"诸葛亮只好传他计策,刘琦免遭陷害。

宋太祖赵匡胤"杯酒释兵权"的故事大家都耳熟能详,其实赵匡胤用的也是"上屋抽梯"计。赵匡胤在"陈桥兵变,黄袍加身"成功登上皇位后,担心自己一旦兑现承诺,给石守信、王审琦、高怀德等众多功臣以高位,如果他们的势力强大起来,会严重危及自己的皇位,万一他们也被手下来一出"黄袍加身"。后果就不堪设想了。于是,赵匡胤就利用"杯酒释兵权",解除了自己的危机。众将领为了保命,只能纷纷交出兵权。

在投资市场,很多人打着各种"高大上"的旗号,对初入投资市场的创业者画大饼,等拿到股权之后却各种推卸责任,真的是"上屋"即"抽梯",那些谈好的资源,再不会兑现。

谨防三种资源股东

"忽悠型"资源股东分为三种:

第一种冒充政府领导。这种人承诺可以从政府规划的角度帮助创业者解决一部分资源,比如可以强制让某些单位购买创业者的产品,或者帮忙招商,或者利用公共资源发布传播广告信息。对待这种人,我们一定要提高防范之心,不能只听他的一面之词。

第二种则属于"打着天使旗号的魔鬼"。这类人像我这种专业做股权设计的律师都经常遇到。以前我特别推崇和佩服天使投资人,一旦遇到天使投资人递给我名片,我马上对他肃然起敬。直到后来我接触了两个比较有名的天使投资人之后,才开始转变了对他们的看法和态度。

我接触第一个投资人的时候，他承诺可以给我投资，我问他能投什么。他反过来问，我能给他多少股份。我告诉他可以给他30%~40%的股份。当时我的朋友暗示不要给他股份。这位朋友曾见过多名天使投资人，对天使投资人有自己理性的判断。他一听到对方说了很多，最后的承诺是"到时候站台""在媒体上支持项目"，断定他实际上不会投一分钱。为了验证朋友的话，我便和对方讨价还价：先说30%给不了，他说那20%，我对他说20%也给不了……最后他说："能不能给我2%？"

从最初的40%到最后的2%，说明了什么？他这是能占多少股权就占多少股权，你把股权给他之后，他就不管你了；等你把企业或者项目做起来了，他就拿着白纸黑字来找你，要分钱。

现在这种打着"天使旗号"、做"魔鬼生意"的人很多。那些刚刚创业的人，或者有创业经验但对资本圈和风险投资圈并不了解的人，可能稀里糊涂地就上当了。他们以为这类投资人手里会有很多资源和资金，以后可以帮助自己解决很多问题。实际上，这类投资人的本质是要了股权以后什么都不管。

第三种是"以物易物"的投资人。这类投资人通常以"价值多少钱"的商品或者服务来换取股份。他们不说不投资，就是不给钱。

我遇到过一家投资公司，对方称要给我们公司投资1000万元，占20%的股权，并给我们公司估值到5000万元。当时我还挺激动，有些不敢置信。真的会有这种"天上掉馅饼"的事情吗？我表示怀疑。后来，流程进入到实质性谈判的时候，印证了我的猜测。

这些人很会宣传，也很懂营销，他们的话术、给出的条件让你足够相信他们。当你对他们深信不疑时，他们会说："我们给你投资价值 1000 万元的策划包装服务，就不收费了，折合成股权好了。"并且他们还说得很委屈："我们就占有你这么点儿股权，哪个老师给你出一个主意不值三五百万呢？"这就是典型的"以物易物"的投资人。

三个"防忽悠"锦囊

如今，创业者、企业经营者不可避免地要与资本市场打交道，这就需要我们练就一双慧眼，识别哪些是不靠谱的投资人。同时，也要想好遇到不靠谱投资人时的对策。

创业者一定要清楚自己需要什么样的资源：是需要钱，还是需要关系？是需要市场，还是需要伙伴？当有人给你投资的时候，心里要有一个判断标准。不管对方是天使还是魔鬼，一定要让他把需要做的事情和他承诺能做的事情交代清楚，这样会减少自己被骗的风险。

如何让资源股产生效果？我向大家分享三个"锦囊"。

锦囊一：识别资源的真实性。

创业者要记住：不管对方说得多么天花乱坠，你听完之后一定要先和对方沟通，问清楚对方有哪些资源，并详细将这些资源列出来；接着在团队内部或企业内部沟通，明确哪些资源可以为自己所用，对自己有价值，从而确定全部资源的价值。对于创业公司来说，要坚持一个原则：对方带来的要么是现金，要么是可以转化成现金的资源。否则即使说得再多，也都是没有意义的。

锦囊二：附条件，明确对方能为我们做什么。

明确对方现金出资额是多少，资金什么时候到位，答应做哪些资源对接活动，资源方的具体信息，给股权后的上班时间……这些都要落实到纸上。

有的创业者稀里糊涂答应了对方的条件，在后面可能会遇到很大的麻烦。项目干得不好，谁都没有赚到，可能还赔本了，对方还得承担补充出资的责任；项目一旦干好了，也会比较麻烦，你让他退出，他是不会退出的，他会要求查你的账，要求开会出席，搞中小股东诉讼，弄得你焦头烂额。所以，在前期，越是清晰地界定对方的责任，后面遇到的麻烦可能就会越少，即使遇到麻烦，解决起来也会容易一些。

锦囊三：明确退出规则。

用期权或者用限制性股权的方式，在协议里面约定可以先给对方股权，但要约定一个资源兑现的时间周期。如果资源没有全部兑现，投资人有两种选择：一是按照已经兑现的实际资源价值重新计算股权；二是股东自己退出，如果不退出，企业方可以采用"一元回购"或"零元回购"的方式，把股权要回来。这些内容都要逐条写进协议里面。

第5章 如何防止"引狼入室"

把握好信任和防人的尺度

"害人之心不可有,防人之心不可无",这个道理很多人都明白。然而在实际工作中,对方一句"你怎么不信任人呢",就会让很多人觉得自己在一条条地抠条款,对别人提出的要求好像显得特别小气,没有豪爽风度。在这种心理的驱使下,创业者可能会手指头一松,很多必须约定的条款就被糊里糊涂地省略掉了。这种创业者应该多看看唐玄宗李隆基的下场。

> **案例**
>
> 唐玄宗李隆基开创了开元盛世,使唐朝国力达到鼎盛。然而,后来发生的"安史之乱"却和他的无原则信任有着莫大的关系。实际上,早就有人发觉安禄山有反心。王忠嗣发现了安禄山在雄武城私藏兵器,便报告给唐玄宗,唐玄宗却不以为意,认为这没有什么大不了的;杨国忠担任宰相后,多次向唐玄宗进谏安禄山可能会谋反,唐玄宗仍然不信;太子李亨也觉察到了安禄山的异常,而唐玄宗仍然对安禄山采取包容态度,听之任之。
>
> 到了后来,唐玄宗干脆把告发安禄山谋反的人绑起来,直接交给了安禄山处理。其实,安禄山的叛乱阴谋并不高明,唐玄宗也没有糊涂到一点儿警惕心都没有。只是唐玄宗一直生活在天下太平的虚幻之中,总想着自己以德报怨,用极大的信任和包容去感化安禄山,安禄山就不会

> 再谋反了。
>
> 唐玄宗这种无原则的信任就是姑息养奸，养虎为患，最终导致了"安史之乱"的发生。无原则的信任，差一点儿造成国破家亡。

真正的信任应该建立在预防和了解的基础之上，而不应该建立在自己对人性的美好幻想上，更不应该为了面子而盲目信任他人。否则，最先受伤害的就会是你自己。

第26课

技术配股，期权限制

案例

1987年，任正非为了解决生活的压力，筹集了2万元创立了华为技术有限公司。一开始，华为靠做交换机起家。后来，任正非在卖程控交换机时发现，这是一个利润空间非常大的领域。

当时，国内在程控交换机技术领域基本上处于空白。谁攻克了这项技术，谁就占领了广阔的市场。当时的华为可谓一穷二白——要钱没钱，要人没人，更别提技术了。华为要怎样才能攻克难题，在交换机市场抢占先机？为了摆脱华为面临的不利局面，任正非在招聘研发技术人员时，答应分给他们股份，让他们参与分红。就这样，华为成功地吸引到了技术人才，也成功解决了技术问题。

给核心技术人员分股，通过股权换技术，也是很多创业者愿意接受的手段。但是，技术入股和资源入股一样存在高风险。和资源入股一样，技术入股也享有按股份比例对企业所有权和按股分红的权利，但在细节方面，二者存在不同。

除了同样要防止"上屋"即"抽梯"的行为之外，技术股权合作还面临着一个大问题：如何与技术型人才相处。

有时候创业者和技术股东可能会牵扯到比较难合作的地方：有的技术股东认为，这么好的技术我一定要占大股，你做不出能赚钱的好产品是你的问题。技术商业化最难的地方在于，把枯燥的知识和技术市场化、应用化，这需要双方精诚合作、耐心打磨。但是有的技术股东根本不去管这些，当你跟他讲这些内容时，他觉得你不够重视人才。因此，在技术股权设计的时候，就有一个难题：怎样才能做通技术专家类股东的思想工作？作为管理型、组织型、运营型的老板，你一定要慎重跟技术型人才打交道，了解他关注的是什么，他需要的是什么，才能掌控后面环节的技术开发节点。

打假不值钱的"技术"

创业者也要警惕跟你合作的技术股东是否"货真价实"。

首先，和资源股一样，你要识别他是不是真正的优秀技术股东。那么，究竟什么样的技术股东才是优秀的呢？我认为主要看两个方面：技术方面和情商方面。像李开复、乔布斯、李彦宏、马斯克这些人，既能"上天"又能"入海"，既会搞技术，又懂市场，甚至在

第5章 如何防止"引狼入室"

吸引资源方面也是一流的。他们都是优秀的复合型人才。

创业者一旦发现这类复合型技术人才,就比较幸运了。跟这样的人合作,你会比较省心,并且项目成功的概率会大大提升。但事实上,这样的人才简直是凤毛麟角。

其次,对那些只研究技术却无法实现市场化的人才创业者要引起警惕。有人可能不理解这种说法,有真正的技术难道不好吗?这是因为,技术入股主要还是看技术的含金量,以及这种技术能为公司的发展带来多大的利益。然而,创业者并不能事先判定这种技术到底能不能最终实现商业化。虽然很多创业者在与他们合作之前,也向专业机构咨询过、评估过,最终却仍是花了高价购买了不能带来利润的技术成果。这种情况比比皆是。

对于持技术入股的股东,给多少股权合适呢?技术入股的比例,一般由所有股东协商达成一致。

现行的《公司法》对于公司的出资金额取消了比例控制。所以,给技术股东多少股权,就看股东之间如何协商了。

需要注意的是,不管给技术股东多少股权,都要明确技术股如何设置才能有效。

和资源股一样,一定要事先清晰界定、明确技术能转化成什么?多长时间能转化出成果?如果转化不成,多久可以收回股权?

另外还有一点特别重要:一定要标明各项费用的具体类别,研发费用是研发费用,经营费用是经营费用,生活费用是生活费用。这些都谈妥了,就会规避遇到"不赚市场钱,只赚股东钱"的伪技术人才的风险。

先进的技术不一定就好

这里要特别提醒一下创业者，当你看到一个特别先进、非常有前景的新技术时，你可能会有一种把这种技术和技术人员奉若神明的冲动。这时，你一定要按捺住自己，保持清醒和理智，反复考量。

有统计资料显示，几乎100%的技术型公司并不是因为技术不先进而死掉的，恰恰相反，正是由于技术过于先进而死亡的。这是因为，有些技术过于先进，无法得到别人对它的完全认识和认可，以至于不能进入市场，更不用提占领市场了。换句话说，新技术的不断问世大大超越了人类的现实需求，公司要为这些不被人们接受的超前技术付出巨大的成本，最终导致公司破产。

这就告诉创业者，企业需要的技术人才应该是工程商人，而不是科学家。企业需要的先进技术应该是能为企业带来利润的，能卖出去的技术才有市场价值。那些只追求新颖，却缺乏市场敏感的技术是不符合企业需求的。

华为公司格外重视这方面。华为针对产品研发偏重技术，而非市场需求导向的问题，给出了硬性规定：每年必须有5%的研发人员转做市场，同时有一定比例的市场人员转做研发。任正非用了一个非常形象的比喻："华为没有院士，只有'院土'，把'士'的下面一横拉长一点。要想成为院士，就不要来华为。"这里的"院土"，就是任正非经常提到的"工程商人"。企业搞技术研发,要以市场为导向,以满足消费者需求为目标。企业的技术研发不是一味地搞发明创造,也不是要破理论难题,而是对产品的市场负责,对消费者负责。

因此,创业者在鉴别技术股东时,一定不要忘了衡量一下他是"工程商人",还是科学家。

设置好技术开发时间节点

当然,各位创业者也不要被上述风险吓到。所谓"三军易得,一将难求"。当你发现真正的技术人才的时候,要舍得投入,要舍得付出。创业之路不是一帆风顺的,可谓要历经"九九八十一难"。在创业过程中,也会遇到各种人。大家之所以创业,是因为想赚钱,而各种想赚钱的人可能也都找我们来了,这里面充满了风险,是再正常不过的事情了。

创业者与技术人才合作之后,一定要控制其开发进度,设置好技术开发的时间节点。技术开发是要划分阶段的。你如果这个阶段的事完成不了,下一个阶段的事就不要跟我说了。做企业不能只畅想未来,也要立足当下。如果技术股东老是大谈十年以后的事情,肯定是不行的。创业者一定要保证技术研发的各个阶段:从零到一,从一到二,从二到三……一步一步,界定清晰。

有些技术人才也不是想忽悠投资者,他们只是没有清晰的规划意识，创业者一定要让他们想清楚。他们心里可能清楚在研发过程中会遇到哪些问题，遭遇哪些瓶颈，却因为担心无法解决问题而不敢说出节点，创业者一定要让他说出困难，然后与他一起想办法解决。

对于创业者和企业来说，控制技术开发的节点有至关重要的作用，它会影响甚至决定创业者或企业是否追加投资的问题。

此外，和对待资源股东一样，创业者在对待技术股东时，也要用好期权和限制性股权。俗话说，"请神容易送神难"，一旦发现技术股东与公司的发展不匹配甚至相冲突，一定要把该股东手里的股权收回。

创业者在创业过程中可能会遇到千难万险。有的人为了创业，甚至不惜将父母的或者自己的房产抵押，结果却被某些别有用心的人蒙骗。如果一旦被骗，不管你之前付出多少心血，都可能会付之东流。因此，创业者切记：在留住人才、抓牢资源、扩大市场的同时，要想明白如何避免后期的潜在损失。

第 27 课

顾问配股，备份稀释

企业为了健康发展而聘任顾问，会对企业的全部活动或某一方面的活动进行调查研究，提出相应的建设性意见。现在，这种情况已经很普遍。

如何给顾问配股，也是一门大学问。顾问股东不像资源股东一样赤裸裸忽悠，也不像技术股东一样用技术号令天下，他们往往以更诱人的方式获取股份。

警惕"猛于虎"的顾问

企业里面最常见的有：股权顾问，负责股权设计、股权策划；营销顾问，负责定位和营销策划；法律顾问，负责薪金或者法律设计；上市辅导顾问，负责企业上市前的整体策划。其中，前两种顾问，需要企业警惕。

这类顾问常用的招数是对小公司描绘大未来，或者用危言耸听的话吓唬创始人，然后漫天要价，在确定企业拿不出钱的时候，开始明目张胆地要股权。

为什么会有创业者和企业被这类顾问迷惑？这是因为，他们抓住了创业者在创业早期的三个迫切心理。

心理一：资金短缺，迫切需要资本介入。

心理二：举步维艰，竞争对手又那么多，迫切想把企业发展起来，打破僵局。

心理三：一旦商机错过就没了，只能借助资本的支点撬动美梦。

案例 2016年12月21日，广东省惠州市中级人民法院做出一审判决，以挪用资金、职务侵占罪判处雷士照明（中国）有限公司（以下简称"雷士照明"）原董事长吴长江有期徒刑14年。昔日中国照明界的领军人物，前半生风光无限，后半生竟锒铛入狱。这其中究竟发生了什么？1998年，吴长江与高中同学杜刚、胡永宏共同创业。当时，吴长江出资45万元，手持企业45%的股权，杜刚、胡永宏均出资55万元，各自持有27.5%的股权。就这样，杜刚、胡永宏二人就持有了公司55%的股权，远高于吴长江拥有的股权。在吴长江的价值体系中，占有股权的多少并不重要，兄弟情面、江湖义气才是第一位的。既然大家一起创业，就不能亏待兄弟。这一股权分配，为日后的发展留下了隐患。

2002年，吴长江更是做出了一个惊人举动：他将公司股权均等分配，与杜、胡二人各自持有33.3%。吴长江的解释是，他所得的公司分红比杜、胡多。为了这份兄弟情谊，他决定主动稀释自己的股权。重新分配股权不但没有成为消除三人之间误解的调节器，反而成了加速三人矛盾的催化剂。此后，吴长江两次被排挤退出，最后经销商也随之退出，杜、胡二人才将股权卖出。

按照三方约定，吴长江需要向两位创始人支付1亿元，并在2006年6月30日前付清另外的6000万元，否则对方将有权利拍卖雷士照明的品牌及公司资产。高额的债务使得原本发展很好的雷士照明为了还债，不得不四处借钱。

急于融资的吴长江求助过柳传志，借过5分利的高利贷，被资金掮客套牢，吴长江的股份逐渐被资本稀释。2012年，吴长江被赶出雷士照明，于2013年再度回归。但是，随着公司内部斗争不断升级，吴长江回天无力，不得不铤而走险。最后，他因挪用资金而锒铛入狱。

实际上，像吴长江这样的案例，股权并不是决定因素。吴长江被捕入狱更多是因为他没有处理好财务和税务事务，这是再精巧的股权设计都无法扭转的结局。

然而，有些股权设计顾问会用类似的案例吓唬创业者，目的是赚取服务费，自己没出资金就要股权。在这种情形下，一些公司的顾问竟然拿到40%~50%的股权，成了大股东，企业的发展前景堪忧。因此，创业者一定要警惕这类讲"恐怖故事"的顾问。

另外，负责定位和营销策划的顾问也喜欢"狮子大开口"：策划费用动辄要500万元甚至上千万元，企业拿不出钱，他们就会趁机要求拿股权来换。很多被洗脑成功的创业者，一不小心就把股权交给了别人。顾问一旦进入公司，就会利用自己的资本优势，一点点稀释创始人的股份，企业就这样落入他人之手。

顾问配股的重要原则

即使最终给顾问配股，真正懂股权的人也绝对不会随便给那么多。一般情况下，应将股份范围控制在6%以内，最多不超过10%。要想顾问股不打水漂，一个重要的原则就是少给。

无论是营销顾问，还是股权策划顾问，一定要以见效为准。营销策划的方案再好，不能带货，就是无效的。在配股之前，一定要在协议里面写清楚，对方要负责产品的策划、设计、制作及发布，而不能纸上谈兵，只是出了一个主意，就拿走30%的股权，这是不合理的。

据我研究，有三个领域的创业者受顾问蒙蔽较多：餐饮业、微整形业、医美行业。在这三个行业里，很多老板是凭着天才型的商

第 5 章 如何防止"引狼入室"

业头脑和勤奋敢干的实干精神创业的,他们在创业过程中,一听"不要钱",一时会忘乎所以,把股权给了顾问。多给了他们股权不说,还毫无股权界定的意识——顾问的职责有哪些范围,要达到什么成果,以及公司的业绩和利润达到什么成果,这些根本就没有问清楚。

只有在满足两个前提下,才能将股权分给顾问:第一,顾问把该做的事情都做了;第二,公司达到了顾问给出的预期效益。

除了少给股权之外,还有一个有效的办法可以防止顾问股打水漂:备份稀释股权。为什么会有大部分创业者给专家顾问股份?是创业者不想在这方面多投入开支,或者暂时没有这笔资金。

需要创业者、经营者注意的是,当公司需要引进其他管理岗位,或者需要引进资金的时候,最早的顾问是可以退出的。因此,公司在分配顾问股的时候,可以和顾问提前约定好,在公司业绩达到哪种程度情况下,公司可以按照原价或者溢价 1 倍、1.5 倍的价格,从顾问股东手里收回股权。这样的要求是合理的,毕竟企业在初创期、发展期、飞速发展期、上市阶段以及成熟期,所需要的顾问是不一样的。

在这里我也给大家普及一个常识:股权策划、股权设计领域是划分得很细致的。有人专门负责初创期的股权设计,也就是三四个人一起创业,需要怎么设计股权比例;有人专门负责天使投资阶段的股权设计,一旦有天使投资人对公司感兴趣,企业就需要重新设计股权。

以我们团队为例，我们最擅长的是公司连锁裂变阶段的股权设计。这时候企业已经有一定数量的连锁店，他们希望通过股权设计吸引更多的加盟商，以实现快速扩张的目标。至于企业上市阶段的股权设计，我们并不涉猎。我们的股权设计只服务到企业完成连锁裂变、融完资金就结束了。

不同的团队负责企业不同阶段的股权设计，也就是说，企业处在不同的发展阶段，需要的顾问也是不同的。所以，企业老板在与股权顾问合作的时候，也可以运用备份稀释股权的原理，给股权顾问设置退出时期。

总之，在顾问股形成的时候，就要设定好退出机制。这样创业者在以后处理股权时就多了一个筹码，也多了一份保障；既解决了创业初期资金不足的问题，又为以后的股权稀释创造了有利的条件。

第 28 课

CEO 配股，设定指标

下面我们来看 CEO 配股会遇到哪些问题，又该用哪些办法解决或者避免问题呢？

案例

2008 年 11 月 17 日，国美掌舵人黄光裕被相关部门带走调查。随后，受全球金融危机的影响，国美资金链吃紧。在国美内外交困的关键时刻，黄光裕最信任的伙伴陈晓临危受命，接替黄光裕任国美董事局主席。

陈晓上台后，积极解决国美的财务问题。2009 年 4 月，经陈晓引荐，国美引入了贝恩投资。贝恩投资占股比例达到了 9.98%，成了仅次于黄光裕的第二大股东。2009 年 7 月，为了激励高层管理者，陈晓和贝恩投资推出了覆盖 105 名高管的管理层激励计划，贝恩投资趁机提名 3 名非执行董事人选。

> 至此，以股东大会为战场，黄光裕家族与陈晓、贝恩投资三方展开了一连串的权力争夺战。

CEO 是股权设计中一个很有可能"引狼入室"的对象。

相较技术股、资源股和顾问股来讲，CEO 配股更为重要。CEO 是负责企业日常事务的最高职务，任用 CEO，如同古代皇帝点将一样。兵熊熊一个，将熊熊一窝，将帅用不对，打仗打不赢，而 CEO 聘用不对，企业将会倒霉很久，甚至倒闭。因此，CEO 的选用要谨慎，给 CEO 配股更要慎之又慎。

中小企业选 CEO 的一个原则

公司在选 CEO 的时候，通常会有许多顾虑：什么性格的人最适合做 CEO？在九型人格里面怎么去挑？怎么去判断？是用有能力的人，还是用高学历的人？

首先是学历。现在有学历的职业经理人越来越多，有从欧美镀金回来的，也有在国内重点大学毕业的。但是，有的人干了不到一年，就把企业赔光了。这说明，选择 CEO 和学历没有绝对的关系，学历高的 CEO 未必能带领公司获得财富。

其次是能力和忠诚度。究竟是选有能力的，还是选忠诚度高的人担任 CEO 呢？CEO 能力的高低，可以通过各种方面显现出来，而忠诚度往往需要较长时间才能体现。不管怎样，能力和忠诚度都

第5章 如何防止"引狼入室"

很重要。

怎么理解呢？简单来说，就是如果你的企业暂时发展还可以的话，一定要选择以前干过CEO的人。

我的好朋刘总，曾经很看好一个CEO。聘用的时候刘总看这个人以前在几千人的大企业里面做过副总经理，就想当然地认为：既然大企业的副总经理能干，那小公司的CEO也没问题吧？结果花几千万元请他做CEO，很快就发现，干过副总经理和干过CEO完全不一样。担任副职的时候可能只负责生产，或者只负责销售，或者只负责采购，一旦做了CEO以后，公司所有部门都得管，对外和各有关部门打交道，如果CEO不具有全面的协调能力、跟市场拿到订单的能力和带领公司团队士气的魅力，根本就无法胜任。

最后是经验。选CEO，一定要看他以前有没有经验。经验越丰富，成果越多，选对的概率越高。当然，CEO也是修炼出来的。如果只做过副职，能不能做好正职？也是可以的，但做不好的可能性也很大。对于中小企业来说，不建议冒这个风险，除非老板对这个人留意很久，知根知底了。否则，千万不要因为对方在大企业待过，聘请过来跟客户吹牛的时候有面子，请个战斗力不强的CEO，后果不堪设想。如果说老板暂时没有这么好的条件，请不来熟手，则另当别论，暂时找一个先用着，扶上马送一程，先多盯着点儿，也是可以的。

如何防止公司被 CEO 搞垮

现在流行一句话，很多企业没有被竞争对手淘汰，没有被时代淘汰，也没有被市场淘汰，反而是被 CEO 拖垮的。

> **案例**
>
> 我的线上培训节目播完几轮之后，一位老板聘请我给他的公司做股权策划。
>
> 他说："我的 CEO 很好，很能干，很有能力，也很忠诚。但是他有一点不好——他不让优秀人才进公司。只要公司招进一个优秀人才，不出两三个月，就被他以各种理由打发走了。他这样限制人才的引进，哪个人能干，他把哪个人赶出公司。如此一来，公司的业务开始萎缩，在市场所占的份额越来越小，公司业绩越来越差，产品质量越来越差，产品生产量也越来越少……但他把持着公司，生怕有优秀的人员取代他。我越来越担心，公司要被他毁了。"

这绝对不是个案。首先，老板一定要防止 CEO 自己把企业拖垮。你给他投资金，他却把你的企业搞垮，这并不是什么新鲜事。很多 CEO 缺少赚钱的能力，却热衷在公司搞"内斗"。这就严重影响了公司的运营和发展前途。除了喜欢内斗的 CEO 之外，还有一种可怕的 CEO：擅长拖延你。我就听过这样一个例子。一位老板聘请

第5章 如何防止"引狼入室"

的 CEO 及其技术团队，一直无法完成项目。尽管公司为他们租着高价房，发着高额工资，却没有一点成果。很快，500 万元花完了，项目也无法运行下去了。

为什么有些 CEO 会把项目一拖再拖？就是因为老板一开始为其提供的固定收益过高。

我们之前提过的那种排挤人才的 CEO，同样也是因为公司为他提供的固定收益过高，待遇优厚，才会不顾吃相，不惜一切排挤优秀人才。

因此，应对这些 CEO 的重要手段是，减少其固定收益，设置合理的股权激励。

这里就会涉及两个关键性指标：业绩指标和人才指标。

CEO 的收益一定要跟业绩挂钩。业绩不一定要看是否盈利。在开拓市场阶段，虽然 CEO 暂时没有为公司赚到钱，但打开了市场，公司也是可以对 CEO 进行奖励的，允许其有一个过渡阶段。但是过了这个阶段以后，就要给 CEO 设立指标，明确 CEO 既要打市场，还要拿利润。这时候，就要看业绩指标。

CEO 的收益也要和人才指标挂钩。为了防止鼠肚鸡肠、无法容人的 CEO 出现，一定要向他明确团队里面标准人才的数量。比如，销售团队、技术团队的人数不能低于多少；团队应该创造什么样的业绩，达到什么样的水准；如果达不到人才建设、团队建设的标准，人数和质量达不到效果，CEO 年底的分红就拿不到。如果 CEO 连续两年达不到要求，即使公司业绩尚可，CEO 也是要辞职的。CEO

千方百计地吸引优秀的人才到企业来，企业才可能有未来。

总之，作为一个创业者大股东，你既要懂股权，又要懂得股权配置的比例和控制权，还要有识别人才、驾驭人才的能力。当然，能够做到这些的前提是了解各种理论知识，有经营公司的经验，以及懂得人才的心理并且了解人性。

第29课

资金到账，防"狼"入室

本书的25课至28课讲的都是"防人之心不可无"。本课则主要围绕避免资金到账时，出现"骚操作"的情况展开论述的。

有一种天使投资叫作"迟迟不到账"——承诺一堆，就是不打款。吃过这个亏的老板大有人在。

> **案例**
>
> 我曾经服务过一位北京客户A。A经营一家会所，本来一年赚个几百万是没有问题的，结果他把公司的40%股权高价卖给了其他人。自从卖了股权之后，他就麻烦不断。
>
> 当时，A和一位股东签了100万元的股权转让款，对方却说钱不够，便给了A一辆宾利汽车和一辆路虎汽车。后来，A发现这两辆车都有问题。钱没到位不说，买A股权的人又很蛮横，通过联合他人，就把A和A的弟弟从公

> 司赶走了。就这样,公司的实际控制权落到了对方手里。现在,A只能拿到100万元。为了把公司要回来,他只能起诉对方。

在股权转让和吸引战略投资的时候,创业者一定要注意资金是否到位的问题。轻信资本的后果,轻则遭受金钱上的损失,重则会丢了亲手创办的公司。

远离"资金狼"

前面提到过,有一些投资人明目张胆地不出钱,他们打着"天使投资人"的旗号,拿头衔、名头、专业、内容、智力团队跟你换股份。可实际上,他的头衔、专业、智力团队等却无法给创业者带来价值。

对于这些投资人,创业者要想把他请出去,就需要履行复杂的股东会表决程序,但如果他不配合,就得再通过诉讼,通过法院发协助执行通知书给工商局。理论上,这种做法能够把他"踢"出去,但官司打起来很烦琐,会极度耗费创业者的精力。

还有一种情况就可怕了,像我上面提到的客户,他遇到的投资人不是不出钱,只是出少部分钱"办大事"。

《公司法》第二十六条规定:"有限责任公司的注册资本为在公司登记机关登记的全体股东认缴的出资额。"公司全体股东的首次出

第 5 章 如何防止"引狼入室"

资额不得低于注册资本的 20%，也不得低于法定的注册资本最低限额，其余部分由股东自公司成立之日起 2 年内缴足；其中，投资公司可以在 5 年内缴足。

比如，他认缴了 100 万元的股权，实际上只履行了部分出资款，哪怕只履行了 1 万元、2 万元，按照目前的法律，包括司法实践和司法解释在内，是没有办法将他"踢"出去的。在"认缴制"的规定之下，公司股东可以暂缓缴纳资本，此时合伙人可以等到公司赚钱了，有了股权上的分红再将注册资本补上，这样也是合法的。

创业者在创业时一定要警惕，投资人资金小额到位，想把这样的投资人踢出去是很难的。另外，如果没有约定是按到账金额还是按认缴金额行使表决权，就更麻烦了。比方说，投资人认缴占 60% 股份，你占 40% 股份，他应该出资 6000 万元，结果他只出资了 1 万元，你 40% 的资金全部出了，这就相当于这个公司是你出了大头，但是他占 60% 的股权，有公司的决策权，他自己是不会追缴自己的，这哑巴亏你就吃定了。

从风险的角度来看，"骗吃骗喝"型的投资人的危害反而没有那么大，对他们你只要不给他股权，或者制定好退出规则就好，反而是出了小额资金的投资人带来的危害更大。

两项"防狼"股权措施

那么，如何防止资金"引狼入室"呢？通过两项股权设计就可以避免后面的巨大隐患。

第一，可以通过协议的方式把控制权牢牢掌握在自己手里。我们刚才说的投资人认缴60%股份，实际出资额1万元这种情况，你就可以清晰明确地约定：如果是小股东出资多，前期按照实际出资额行使表决权和分红权。

第二，可以约定在资金没到位之前先股权代持。在引进投资人或者股权转让的时候，股权代持可以有效防止再无付款的情况。约定当所有的条件都具备、全部资金到位以后，再到工商局办理注册备案手续，可以有效防止侵占、巧取豪夺股权的人。

这种设计的核心就在于提前做好协议约定，如果没有提前拟定协议的话，创业者很可能会吃哑巴亏。

第30课

协议签订，信为上策

前面我们讲了在资本市场，企业老板要有防人之心，不能盲目信任，可如果老板走了极端，处处提防，也是不合适的。

我看到很多律师事务所和企业的老板，因为自己的疑心重重，把好好的公司带入了深渊。因为疑心病太重，把"忠臣"逼走了，把有用的股东踢走了，留下的都是一帮骗人的、不出力、搅局的股东，公司不倒闭才怪。

为什么身在老板位置却分不清楚谁对谁错呢？是什么原因导致这种情况的发生呢？这种现象应该怎样避免呢？

心胸狭隘会影响企业的发展

我们用"疑人偷斧"的故事来解释创业者的心胸和格局对企业的影响。

A买了一幢别墅，想把院子修一修，就叫了几个人来帮忙。等到院子收拾完以后，他发现自己的一把斧头不见了。这把斧头是花重金打造的，天下绝无仅有。A很生气，明明下午干活儿的时候斧子还在，怎么突然间就没有了？

于是，他猜想一定是来帮忙的B拿走了，因为快要收工的时候，B神色慌张，匆匆忙忙地离开了。A要留他吃饭，他竟然头也不回就走了。A认为B的嫌疑最大，斧头肯定是B偷的。

第二天早晨一出门，A怒气冲冲地打开门，准备去找B索要斧头，却发现自己丢失的斧头正好好地立在门边。A突然想起，昨天是自己在忙乱中把斧头放在这里的。

这个故事说明了什么道理呢？当你怀疑一件事情的时候，你越想会越觉得怀疑对象有问题。

我们前面讲了五个防忽悠策略，并不是让老板们疑神疑鬼，对引进的人脉都保持怀疑态度。事实上，老板是不能疑神疑鬼的，就像诸葛亮所言，"疑人不用，用人不疑"。身为企业的负责人、创始人，千万不能犯"疑人偷斧"的错误。如果怀疑你身边所有的人，看谁都像偷斧子的人，那就没有人可用了。最重要的，这样的狭隘心理还会影响企业的发展。

曾有一项研究报告调查了珠三角与长三角地区500多个家族企业，其中有97%的企业创始人表示，"如果子女有兴趣，会将企业传承给下一代"；而"假如子女能力不足"，90%的被访者选择"依然将企业传承给子女，但会为他们寻找一位老师"；只有不到7%的被访者选择"交由职业经理人管理"。

这些数据说明了,在中国有很多企业老板不太接受职业经理人来管理企业。殊不知,对有些家族企业来说,突破家族人员的能力局限,引入职业经理人是很有意义的,他能带领家族企业进入一个全新的高度,作为家族企业的大股东,家族成员可以轻松畅享最大化的收益,这是一举两得的美事。

> **案例**
>
> 1825年,全球领军鞋履品牌Clarks(其乐)创立于英国。创始人克拉克兄弟很聪明,在当时工厂化生产大时代的背景下,他们坚持做手工皮鞋。他们的手工皮鞋因质地好、舒适度高、质量好,很快就受到了上层社会的欢迎。
>
> 尽管兄弟俩手艺不错,却缺乏经商的头脑。因此,虽然鞋子卖得很好,可克拉克兄弟一直有债务困扰。克拉克家族的后代也是如此,在克拉克家族掌管下的Clarks品牌虽有旺盛的生命力,可因为克拉克家族经商天赋的缺乏,Clarks品牌的发展一直不温不火。
>
> 直到在Clarks创业168年后的1993年,克拉克家族做出了一个重大决定:家族成员退出企业经营,将企业交由职业经理人打理。自此之后,克拉克商业帝国越来越兴盛,Clarks很快成了在欧洲和美国都很有知名度和影响力的制鞋品牌。

信任是发展的基石

相比引狼入室，因噎废食更可怕。我们在前面反复提到，这个时代需要与人合作，借助他人的资源才能做大做强，而信任是借助他人资源的基础。

案例

张经理一直是其所在行业的顶尖人物，所以，家族企业老板杨董在对公司大刀阔斧地改革之前，就找到了张经理，让他担任公司的职业经理人。除了令人心动的年薪，杨董还给予张经理无条件的支持与信任，让张经理在公司的管理上可以尽情尝试创新。

张经理大胆改革，无论在结构调整、流程梳理上，抑或在制度优化上，他都积极推进。在这个过程中，他几乎将自己所有的精力都花费在了公司的经营上。一年以后，年度的财务报表发放到各位董事会面前，利润增长15%，而以往该公司的利润增长率一直都保持在20%上下，15%的增长就相当于是负增长。

所有人都在等着看张经理的笑话，看他拿着负增长的报告如何在董事长面前自圆其说。在董事会上，张经理说出了自己一年的工作内容，夯实企业基础、打造员工执行力等。杨董听后，在董事会上坚决地维护张经理："我相信在不久的将来，我们这一年的准备就会显现出应有的回

第5章 如何防止"引狼入室"

> 报！我需要你，公司也仍然需要你！"
>
> 一年后，果不其然，良好的公司基础在第二年开始显现它的威力，在张经理的带领下，公司进入了一个全新的阶段，利润翻了两番。
>
> 由于杨董对张经理的无条件信任，张经理才能毫无顾虑地以负增长为代价打好企业基础；因为杨董对张经理的信任，张经理才能有机会在第二年依然在岗位上继续发力。试想，如果他们彼此之间互不信任，之后是不会出现令人瞩目的成果的。

很多人看到这里可能会感到困惑：你一边让我有防人之心，谨防吃亏上当，一边又让我信任别人，不要疑神疑鬼，到底让人怎么做啊？

其实很简单。我们要相信所有人都是好人，所有人都值得相信。所有的投资者我都要接触，所有的合作人我都要尝试，但是我要设定条件，不是你说自己有多少资源、有多少技术、有多少能力，我就全部相信。我可以相信你，但相信是有条件、有底线的，你必须在多长时间内完成什么任务，达到什么结果。

这正是股权设计的意义所在、律师的作用所在——通过期权或者限制性股权设计，让天下无不可信之人，让天下无不可用之人。

第 6 章

如何避免股权陷阱

不管是对内部员工进行股权激励，还是和外部合作伙伴分权、分钱、分天下，企业老板拿出股份的初衷都是很美好的——他希望自己的舍得能换来公司更好的未来前景。

然而现实总是残酷的，股权激励没能凝聚人心，反而让员工怨声载道、矛盾重重；股权联盟不仅没有拉来盟友，反而被人借机鲸吞了，哪怕是合作了十几年、相处非常融洽的股东，也可能转眼成为仇人，抓住你的痛处下狠手。

这样的事情难以避免，难道我们只能听之任之吗？当然不是，本章内容解决的就是上面提到的问题。我们可以通过股权设计，提前预防这些问题，避免不必要的损失。

第 31 课

一山一虎，分槽养马

战国时期，一位邯郸商人养了两匹良马：一匹是蒙古马，力大无穷，商人用它来运输货物；一匹是大宛马，驰骋如飞，商人用它来传递信息。

商人非常喜爱这两匹马，给它们盖了最好的马厩，给它们吃最好的草料。可是商人没想到，无论他怎么细心照料，两匹马都一日比一日憔悴。他请了好几个兽医来为它们诊治，却没有任何效果。问题出在哪儿呢？

后来，商人请到了相马高手伯乐来帮忙诊治，伯乐到马厩走了一圈，只说了两个字："分槽。"商人按照伯乐的建议，将马槽分开，两匹马很快就变得毛光顺滑、精神无比了。原来，问题根本是之前两匹马在同一个槽里吃食，常因为争夺草料而相互踢咬。分开之后，问题就顺利解决了。

股权实操 36 课

不能安排两个能人一起去做同一件事情

在实际工作中,很多老板都有这样的感触:手下有一员大将,管理起来很简单;有左膀右臂,也能分工合作;一旦自己有了三四名手下,甚至更多的人,整个组织立刻变得复杂起来了,就会滋生很多的问题。

比如,二股东和三股东都负责市场,他们就会在很多方面发生纠纷:我的预算少了,我的工作量多了,我的市场条件差了,我的工作做得多了,我的分红拿得少了……他们就会有很多的比较,增添很多的烦恼。

分槽养马的精髓在于:不能安排两个能人一起去做同一件事情。两个能力出众的人才如同两匹不可多得的千里马。当他们共同做一项工作时,即使他们不互相争抢,也难免会互相攀比。在这种情况下,他们很难全神贯注地做自己的工作。因此,要根据他们的优点和长处,去让他们做不同的工作。

《水浒传》中,宋江和卢俊义每次出兵的时候,都是一个人领一支队伍各挡一面。例如,书中第八十四回"宋公明兵打蓟州城,卢俊义大战玉田县",第九十二回"卢俊义分兵宣州道,宋公明大战毗陵郡"。从章节标题中我们就可以看出,两人都是分开来作战的,这就是典型的分槽策略。

可以设想一下,如果两人共同率领一支队伍,可能会出现下面的情况:宋江说进攻,卢俊义说后退;宋江说派李逵出战,卢俊义说派武松出战；宋江说"别听我的，听卢俊义的"，卢俊义说"别听我的，听宋江的"。这样的队伍还能顺利打仗吗？指挥不明确，完全乱成了一锅粥。

不怕分得少，就怕分不均

孔子在《论语·季氏》中提到："闻有国有家者，不患寡而患不均，不患贫而患不安。盖均无贫，和无寡，安无倾。"意思是，不论有国的诸侯还是封地的大夫，不应担心财富不多，只需担心财富分配不均，不要担心人少，而只需提防境内不安宁；财富分配平均便无所谓贫穷，人民和睦相处，便不觉得人少，境内安宁就没有亡国的危险。

我们做股权激励，最怕的就是把人才放在一个槽里，他们的责权利分不开，股份也就没法分，怎么分怎么错。

> **案例**
> 我曾经服务过一家公司。这家公司因为做股权激励，不但没有获得利润，反而濒临破产。
>
> 这家公司的老板没有对股东的职责和权利做明确的划分。提到股权激励时，场面顿时鸡飞狗跳，混乱不堪：一位股东说给少了，另一位股东说怎么只让我一个人出钱啊……所有人都不满意，于是，大家都怒气冲冲地退出了公司。

> 老板也被闹得疲惫不堪。此时,看门的大爷问,为什么股权激励没有他的份儿?如果不是他多年来守好公司的大门,公司的原材料、办公用品、产品早就被人偷走了,公司的安全事故都不知道出过多少次了,公司的股权激励却把他排除在外。大爷一生气,辞职了。这下老板更傻眼了。

因此,当手下能人超过两个时,我们一定要想办法把他们分开,让他们去不同的部门或者不同的岗位。如果实在分不开,怎么办?

比如,有两位都很优秀的销售人才。我们可以把他们分成销售一部、销售二部,让他们一人管一个部门,这样就会界定出他们每个人的水平到底有多高,到底为公司做了多大贡献。我们可以根据他们的综合业绩、能力水平、对公司发展的重要程度,再来划分他们的股份,这样就能在最大程度上减少纷争。

关于把一堆能人纠集在一起的后果,管理学上有个著名的阿尔布莱特法则:把一群聪明人收编进组织后,结果往往变成集体性愚蠢。

这里有一个经典案例印证了阿尔布莱特法则。1999年,美国国家航空航天局在火星进行的气象人造卫星任务失败。失败原因让人啼笑皆非:一组工程师使用公里和公斤的公制单位撰写程序,另一组却使用英里和英磅的英制单位运算。

这个原则旨在说明,一个团队里并不是能力强的人越多越好。一个团队中的成员要各司其职,相互配合,团队才能顺利地运作。

根据人才的性格进行最佳的组合

老板把性格特征能取长补短的人组合起来,让团队既有向前冲的干劲,又能保持乐观积极向上的氛围,既有人带头领导,又有人踏实跟随,这样的团队才最有战斗力。

因此,老板不仅要熟知股权分配的各种原则,还要搞清楚你的股东的性格类型。

在这方面,明朝的开国皇帝朱元璋是个高手。打天下的时候,朱元璋结合"浙西四贤"的长处,分别在不同领域委以重任:刘基善谋,便让他留在自己身边,参与军国大事;宋濂擅长写文章,便叫他主抓文化;叶琛和章溢有政治才干,便派他们两人治民抚镇。这就是一个比较完善的人才结构。

哈佛商学院 MBA 核心教程把所有个性因素划分为五个最基础的维度:一是外向型,这样的人善于社交、言谈,适合做外交方面的工作;二是随和型,他们适合做协调方面的工作;三是责任型,这样的人具有强烈的责任感,他们往往适合单独负责一个项目;四是情绪稳定型,这类人具有平和、沉稳的特质,他们能够冷静处事,善于分析,统揽全局,适合扮演决策者的角色;五是经验开放型,这种类型的人大都聪明、敏锐,适合做开拓创新型的工作。

基于以上的五个维度,企业经营者就可以根据不同类型人才的特点,量体裁衣,把他们安排到合适的岗位上。这样才能做到善用人才,真正实现人尽其才。

股东多时，如何合理分配股权

如果一个公司的股东太多，又该如何分配股权呢？

通常的做法是，首先要确定一个大股东。无数案例和教训告诉我们，创业过程中一定要有一个带头人，这个人负责全局，在股权方面是大股东。如果股东比较少，大股东占股70%、60%、51%都可以。如果股东比较多，该怎么办呢？如果股权比较分散，那么至少也要是相对大股东，也就是单个最大的股东，并且他的股份应该比第二股东、第三股东和第四股东的总和多。

其次，股东数量很多的时候，不要直接持股。可以由大股东代持其他股东的股份，减少直接持股的股东。如果一上来就都直接持股，一旦遇到未来股东发生变化时，就会比较麻烦。也可以建立持股平台，把其他股东的股票都放到持股平台中，这样也能减少直接持股的股东数量，即便未来小股东有变动，也只是在上层公司变化，不会影响主体公司。

第32课

借款路线，避免拆伙

关于合伙创业，有个段子很令人扎心：一年合伙，两年红火，三年散伙；一年同心协力，两年同床异梦，三年同室操戈，四年同归于尽。

合伙创业是当下最流行的做法，合伙的人除了伴侣，更多是亲戚、同学、前同事、好友等关系亲近的人。但是，和亲近的人易合伙，似乎也更易"拆伙"，合作伙伴之前的感情越深，拆伙的概率也就越大。

> **案例**
>
> 在电影《中国合伙人》的最后，三位合伙人分道扬镳。男主角之一的王阳说了一句经典台词——"千万别跟最好的朋友合伙开公司"，这句话让很多人欷歔不已。他们认为，和朋友合伙做生意，最后的结果很可能是生意失败了，朋友也做不成了。

新东方的创始人俞敏洪在创业之初和自己的大学同学徐小平和王强合伙，一起创办了新东方。分道扬镳的原因就在于合伙伙伴之间有太多感情，无法做到亲兄弟明算账。

原本俞敏洪开了一个好头，他先一个人干了起来，自己成立公司，自己招了学生，自己开始讲课。他先干了5年，公司有了MVP，有了可复制性，这时，俞敏洪拉入了徐小平和王强，这两人出国生活过一段时间，俞敏洪认为，他们的英语水平和对西方文化的了解比自己强，而自己对中国创业环境比较了解，这种结合能使公司更好地发展。

一开始，三驾马车可谓黄金搭档，每人33%的股份，各司其职——一个负责公司管理，一个负责签证咨询，一个负责美语思维，将公司一步步做大做强，甚至一度赚到需要拿麻袋装钱。但是新东方做大后，矛盾逐渐凸显。首当其冲的问题是，因为利益的关系，新东方新的业务难以开展。北京的新业务还能均等掌控，但是如果到上海、广州去发展算谁的业绩？图书出版公司算谁的业绩？远程教育公司算谁的业绩？

俞敏洪也意识到了问题所在，他花了4年的时间周旋在管理层、地方、部门之间，总算把松散合伙制变成了真正股份制，但问题没有完全解决。大家对于分完股份后的权利分配仍存在分歧。因为俞敏洪是创始人，大家认为他当第一总裁没问题，但是谁当第一副总裁？徐小平和王强

第6章 如何避免股权陷阱

都会问"凭什么让我当第二副总裁?"

最终,俞敏洪不得不狠心将徐小平和王强先后请出新东方,说到这个选择时,俞敏洪说了一句很感慨的话:"我觉得曹操比刘备更适合当合伙人!"把曹操当合作人,只要谈利益就好,而把刘备当合作人,不可避免地就要谈感情。在公司经营中,一涉及感情,事情就会变得复杂起来,到最后以难以收场告终。

合伙创业谈感情,谈的越多伤的越多

在新东方的发展历程中,虽然三人以散伙收尾,但三人曾经有过一段同甘共苦的日子。徐小平和王强在新东方的发展过程中,的确发挥了重要的作用,他们离开后仍然持有新东方的股份,也无可非议。然而,在现实中,因为谈感情,创始人没得到一点好处,反而被坑一把的例子比比皆是。

> **案例**
> 当年,我的一位朋友刘总刚成立公司时,他发现经理能力很强,绝对能干好。于是,他投资了2000万元,并给了这位经理30%的股权。
>
> 当时刘总让我帮他看协议,我第一时间提出质疑:这位经理不出钱就给他这么多股权,这合适吗?刘总说道:"没问题,他很有经验,而且我们关系很好。"

结果，创业的第一年公司赔钱，第二年公司不赚钱，第三年公司只赚了2万多元。

投资了那么多钱，客户是之前合作过的，厂房、设备也很先进。问题究竟出在哪里呢？答案是产品的良品率低。这显然与管理者和管理方式脱不了干系。此时刘总有了换人的想法，对方也答应走人，前提是要拿走属于自己的600万元。至于为何是600万元，对方是这么算的：公司运行了3年，估值应该有3000万元左右，自己有30%的股权，能值900万元，算个人情价，就给600万元吧。

公司成立的时候对方一分钱没出，公司在3年的时间里投资了2000万元，只赚了2万元，最后对方要离开时却要拿走600万元。刘总表示无法接受，但是我只能遗憾地告诉他：公司股东协议章程里面就是这样规定的，对方是股东，这钱他还真可以拿走。

像刘总这样财力雄厚的人，经常会犯的错误是，只想着项目干成后会如何，却没想过项目失败了该怎么办。

再有钱，可以借钱不要送钱

很多人在自己有能力以后，会选择凭借自己的本事去帮助别人。帮助别人是好事，但如果不讲规则的话，很可能会花钱不落好。

第 6 章 如何避免股权陷阱

提醒各位在合伙创业的时候,如果对方想出资,但是没有那么多钱,你即使有钱,也不能稀里糊涂地直接帮对方出资。如果你想替他出 600 万元,最好的方式是以"借给他 600 万元"的形式出资,既不伤感情,又可以避免后面的反目。有借据在手,就不会产生争议了。以后赚了也好,赔了也好,你都可以游刃有余,不会被对方牵着鼻子走。

在这一课里,我们讲了合伙之前注意事项中的一个重头戏:关于创业出资,也就是资金问题。为了避免事前"兄弟情深"、事后"反目成仇"的状况发生,最好的处理方式是走借款路线。如此这般,才不至于在创业时凭一腔热血替别人出资金,却好心办了坏事;人情没有越用越浓,反而落得一个反目成仇的结局。

第33课

财务确认，避免互整

某网络平台上有一个这样的问题：合伙开公司怎么记账？

最佳的答案是这样说的：越是合伙企业越要记好账，免得日后麻烦，不但要记流水账，还要记正规的会计账。这就需要一本总账、一本银行账、一本现金账、一本资产负债明细账、一本收入/费用账、一本材料账，这些都是最基本的。

要根据你的行业和企业规模，以及固定资产账、低值易耗品账等项目的情况考虑：如果企业规模不大，就可以直接记在资产负债一本明细账里；如果公司规模较大，那么记下总账，银行、现金、收入、费用明细账就是必须的，其他可以酌情。

你要准备几本三联收据，谁去采买，他可能要先借款，要开三联收据，借款人签字，借款人一联回来报销用，财会一联存根、一联做账用。在业务量不多的情况下，为了简便，财会联可以留着，等报销人报销时两联做账也可以。如果是采买人垫付的，财会可以凭发票给他报销，但要有相关责任人签字，这样才能明晰责任。

这个答案的核心是合伙开公司不仅要记账，还要越详细越好，越全越好。不论公司规模大小，都适用这个方法。

很多老板出问题，都是因为账目出现了问题。在中国，股东因为公司获刑通常只有一个原因，就是被人揭发。揭发的人多数是小股东，因为小股东知道的情况最多。那么，如何避免在为公司创造财富、为国家社会创造价值的时候，反而让自己触犯法律呢？这就需要我们把"亲兄弟明算账"里面的"算账"二字落到实处。

需要做账的事情，阶段性共同确认

合伙创业时，这个账该怎么算呢？

按国家规定和法律来讲，公司账目应该弄得清清楚楚、明明白白，事实上现在也确实越来越规范了。营改增以后，包括发票号在内的各种号，都能对应上。但是，在实际情况中，还是有不规范的时候。比如，买两车西瓜，或者几头猪，小商小贩没有办法提供发票，只好用其他发票抵销，当时大家都觉得没问题。如果你事后得罪了一个心胸狭窄的合伙人，他很可能就会把之前大家都默许的事情"捅"出来，陷害你，这种事情该怎样处理呢？

方法非常简单，就是凡是需要做账的事情，在公司章程或者股权协议里面约定，一定要阶段性地让中小股东共同确认。如果他们有异议，就应该在限定的时间内提出来，逾期不提则丧失这个权利。

阶段性确认账目，可以及时察觉有问题的账和有问题的人，对公司的发展也是有利的。

火眼金睛，识别假发票

在走账报销上，还有一些合伙企业存在假发票的问题。其实，只要留心，假发票是很容易识别的。

我们可以根据国家税务总局提供的相关网站验证发票的真伪。

第 34 课

违反协议,净身出户

在创业圈子里,流传着一句话,叫"离婚要趁早"。这句话的意思是,企业在不断地发展壮大过程中,时间拖得越久,离婚时付出的代价就越大。这个代价包括金钱上的损失,也会牵涉分割股权。这将对公司的发展造成很不利的影响,轻则四分五裂,重则一败涂地。

> **案例**
>
> 2020 年,当当网创始人李国庆与俞渝夫妻之间的股权之争屡次登上微博热搜排行榜。
>
> 先是 2020 年 4 月 26 日的"公章之争"。李国庆带人到当当网办公区"拿"走了几十枚公章、财务章。随后,李国庆公布了一则安排俞渝负责当当公益基金的人事调整公告,俞渝很快回应称公章是被李国庆抢走的,公司已经报警,公章已经挂失。所谓的人事调整是李国庆在使用挂

失的公章演闹剧，李国庆因此事被派出所拘留，还带出了一系列夫妻双方的恩怨情仇。

随后是 2020 年 8 月 9 日晚，李国庆发布微博称，自己和俞渝被儿子告上法庭，目的是要求法院确认李国庆和俞渝为其代持当当网股份的代持协议有效。他认为这是儿子被俞渝"当枪使"的结果，为的是抢夺当当网的控制权。

有网友戏称"庆俞年"大戏情节跌宕起伏，至今仍看不到剧终的趋势。两人的股权纠纷还在继续，不过，夫妻创业股权不清的危害却已经清晰地暴露出来。

当当网法务部发布的信息显示，俞渝、李国庆及孩子，与管理层约定了他们在控股公司的股权比例，即俞渝 52.23%、李国庆 22.38%、孩子 18.65%、管理层 6.74%。依据这个约定，如果俞渝和李国庆离婚的话，就要平分股权，双方各持比例仅为 37.305%，这让未来当当网的控制权归属充满变数。

李国庆与俞渝在董事会中拥有两个席位，并且提名了一位独立董事，相当于他们夫妻二人掌握了当当网董事会 3/5 的席位，这令董事会形同虚设，当两人发生矛盾时，董事会无法发挥抑制或调停作用，最后损害的则是全体股东的利益。

此外，这种夫妻店控制模式导致当当网出现了人才流失、管理层决策缓慢等问题，错失了多次电商领域的发展机会。

第6章 如何避免股权陷阱

当当网的教训发人深省。为了避免节外生枝，创业老板一定要对股权做出明晰的约定，这个原则适用于夫妻之间，更适用于创业伙伴之间。

为股东确定红线，绝不允许碰触

案例 张某是某器械公司的销售部经理，负责公司产品在华北市场的开发和销售，并直接负责与华北客户签订产品销售合同。老板看到了张总为公司立下的汗马功劳，就分给他5%的股权。后来因为意见不合，张某和老板吵了一架，愤而离职。张某去了竞争对手的公司，同样担任销售部经理，并在较短的时间内与多家客户重新签订了购销合同。原公司的客户就这样跟着他转到了新公司，原公司损失惨重。老板把张某告上了法庭。

这样的故事在现实中很常见。一些经理人拿着组织的资源，享受着组织的收益，却做着有损组织的事情。如果这样的人存在，他带给公司的危害是致命的：第一，公司会遭受损失；第二，一个恶性事件会引发无数不良事件。俗话说，"上梁不正下梁歪"，如果从股东到高管到中层到底层，公司上上下下都想做一些侵害公司利益的事情，这样的公司势必难以经营下去。

为避免这种情况的发生，公司老板一定要在股权协议里为公司全体人员的行为制定一个绝对不能碰触的红线，但凡触碰了红线的人，下场就是"净身出户"。所谓净身出户，是指这个股东的股权被公司无条件收回，得不到任何补偿。公司收回股权，不是原价收回，不是打折收回，更不是溢价收回，而是股东权益直接跟你没有任何关系了。

股东红线原则：公司利益高于一切

对任何公司来说，都应该有这样一个铁律：公司利益高于一切。公司利益是实现个人利益的基础，公司利益与股东利益、员工利益紧密相连，相辅相成。公司能否实现持续发展，直接关系到能否实现股东利益和员工利益。只有公司的利益得到保障，股东利益、员工利益才有可能得到相应的保障。

在公司利益高于一切这个原则下，我们制定股东红线，可以从以下几个方面入手：

不能直接侵占公司财产。无论是钱还是物品，如果有人把公司财产拿回家了，这是绝对不允许的。

不能损害公司的关键人才。公司关键岗位的关键人才，比如优秀的销售或者能力突出的研发人员，如果有人把他恶意辞退了，或者把他挖到自己的亲戚朋友的公司去了，这也是绝对不允许的。

不能损害公司的客户资源。比如，"为股东确定红线，绝不允许碰触"里案例中的张某，把原公司的客户资源都转移到他所在的新公司去了，这就太不厚道了。

不能泄露公司的经营机密。现在企业之间的竞争更多表现为信息战，在竞投标中，几万元的报价很可能就决定一个几十亿元的项目的成败。在技术研发中，一个技术数据的泄露就很可能让公司陷入被动挨打的境地。对于那些泄露公司机密给竞争对手的人，企业是绝不能容忍的。

中国有一个成语叫作"吃里扒外"。"扒外"有几种形式：第一种是让其他人受益；第二种是让自己开的公司受益；第三种是不体现自己的名字，打着亲戚、朋友、同学的名号做一些损害公司利益的事。这几种形式我们都要严防死守，严格按照公司规定执行。

规定要严格，执行要坚决

在公司制定了严格的规定后，还需要按照规定严格执行。如果在执行的时候，你对触发红线的股东心软了，没有全部没收其股权，或者没有让他净身出户，这根红线就会失去警示作用，丧失了其设立的初衷。

公司老板必须做到该坚持的原则就必须坚持，不能因为怕处理人际关系，或者怕被别人骂而放松对公司、对员工的管理；在处理问题时，管理者不能"只栽花，不种刺"，必须执行态度坚决、有的放矢、行之有效的处罚。这样才能既体现管理者的权威和震慑力，又维护了公司的制度，同时体现了警示性。相反，管理者如果畏首畏尾，立场不坚定，态度不坚决，就会损害其作为领导者的权威，也会挫伤一部分人的积极性，可能会失去他们的拥护；同时，也不能有效惩罚越过红线之人，他们可能会不知收敛，为所欲为。

第35课

重返有效，不拉仇恨

有统计资料显示，在一名员工离职以后，企业从招聘新人，到新人顺利上手，仅替换成本就高达离职员工薪水的2倍到3倍，优秀员工的替换成本则更大。对于一些关键员工，他们的流失带来的往往是"地震级"的后果。

人才的流失是企业不可估量的损失。为了避免人才流失带来的损失，企业都十分重视对员工的管理和激励，想方设法留住人才。

案例。 曾经的手机巨头摩托罗拉对待主动辞职员工的策略是"好马要吃回头草"，他们鼓励主动辞职的员工，尤其是欢迎属于核心人才的前员工重回摩托罗拉工作。摩托罗拉认为，前员工已经熟悉企业文化、公司业务，一旦他们重新回到公司，能降低不少招聘和培养成本。

除此之外，摩托罗拉还会格外重用"吃回头草"的员工。他们认为,这些人在离开摩托罗拉期间更换了公司和工作岗位,回归后会给摩托罗拉带来新经验、新做法,而这与摩托罗拉公司多元化的企业文化相契合。

摩托罗拉特别为"吃回头草"的员工设立了一套非常完备的制度:如果前员工在6个月之内重新被摩托罗拉聘用,在辞职前已经是正式员工的,可以免除试用期,他之前在摩托罗拉的服务年限可以累计计算;如果回聘的间隔超过了6个月,服务年限就不再累计,有试用期,但公司将按照他以前的服务年限提供奖励。

摩托罗拉这套留人才的措施,让它在很长时间里,无人能出其右。

上面的案例提到的"好马要吃回头草"留人策略,主要体现在股权激励环节。那么,中小企业是否也能仿照大公司的策略,从而留住人才呢?

重返有效,不拉仇恨

案例

A是一个典型的稳定工作型的人才,适应能力强,工作能力突出,得到了公司领导的认可和赞扬。但是,由于在一个地方待的时间过长,A进入了倦怠期。受周围朋友的影响,看别人创业、做生意、做微商赚了很多钱,A按捺不住寂寞，满怀雄心壮志，也想试试。A不会沟通，情商也不高，就直截了当地和公司领导说"我不干了，手里的股权激励我也不要了"。说完之后，A办了手续就离开公司了，跟公司闹得很不愉快。

两三年后，A创业并不顺利，积蓄花完了，也没有找到合适的工作。这时，他想回原来的公司——这里工作环境更熟悉，工作更容易上手，收入也比其他地方多。但是，A想到当初离职时和公司闹得很不愉快，便不好意思回来。其实，公司也想让A回来，与其他新人比较，A在公司管理方面、在为公司创造价值方面更有优势。然而，公司也拉不下面子请他回来，双方就遗憾地错过了。

这种情况在实际工作中很常见，我就曾经历过几个类似的案例。针对这种情况，有一个有效的解决方案，就是在股权激励和辞职协议中做一个约定，叫作"重返有效"。这个约定的意思是，你拥有的股权在你离职后就没有了，如果你重新回到公司的话，以前的股权还有工龄福利等可以继续拥有。

重返有效，好处多多

重返有效协议有几个明显的好处。

第一，员工在离职时，不会和公司闹得太尴尬，也不会因为离职而对公司产生怨恨甚至仇恨。这对公司来说，是非常有利的。离职的员工犹如公司的宣传员——如果他喜爱自己之前的公司，他会积极地向周边的人推荐。一旦有优秀的人才、合适的客户，在不与现在公司冲突的前提下，他还是愿意给原公司推荐的。

这个世界很大，圈子却很小。离职员工离开原公司后，很可能与原公司仍然同处一个圈子，未来再"相遇"的概率很大，与其撕破脸，不如保持良好的关系，这样做只会有好处，没有坏处。

第二，为离职员工提供了多种选择。离职的员工在外面干得不顺利的时候、收入不如之前高的时候、工作太累的时候，他就会想起来：我跟原来的公司还有个协议，我何必在外面受罪呢？不如回去。另外，很多员工提出离职是因为一时冲动，他并不是真心想离开，有了这个协议，他也有了回去的理由。

第三，对公司来说，接收前员工回来，一方面可以让员工对公司心存感恩，会对公司更加忠心；另一方面，公司可以在员工面前树立一种包容大度的形象，能对其他人才产生更大的吸引力，优秀的人才会积极投奔过来，外流的人才也会积极地回归。有了源源不断的人才，企业势必会迎来更好的发展势头。

重返有效，也要看条件

《农夫与蛇》的故事，大家都很熟悉。在一个寒冷的冬天，农夫在路边发现了一条冻僵了的蛇。他看蛇可怜，就把它放在怀里，用

第6章 如何避免股权陷阱

身体的热气温暖着蛇。蛇很快苏醒，并露出了残忍的本性，咬了农夫一口。

重返有效协议很好，但并不是对所有人都适用，我们不能做愚蠢的农夫。在讲净身出户的时候，存在这样的情况：股东退出的时候，有两种形式，分别是主动退出和被动退出，或者可以称为协商退出和过错退出。比如，员工在离职的时候带走了公司大量重要资料，他触碰了公司红线，严重损害了公司利益，这样的人就属于因过错而退出。对于这类人，公司还是放弃为好，因为他们能抛弃你一次，就能抛弃你第二次；能伤害企业一次，那么也能伤害公司第二次。

职场中有各式各样的人，白眼狼一样的人才我们能躲多远躲多远，和公司惺惺相惜的人才，公司能给机会就给机会，这样双方才能都是赢家。

第36课

禁止劝诱，稳定军心

禁止劝诱是什么意思呢？它要防止的是拥有管理权的股东"另立山头"，把公司的核心人员拉走。

禁止劝诱和重返有效一样，都是针对股东离开公司的约定。重返有效是约定股东可以重新回来；禁止劝诱则是约定股东离开的时候，公司可能按现有价格购买股权，不让他受损失，甚至还会多补偿他一些钱，但是有一个前提条件：股东必须保证不劝说、诱导和诱惑公司其他人一起离开。

禁止劝诱才能稳定军心

我曾看到过这样一则小故事：

广袤的南美洲草原因为天气酷热，山坡上的草丛突然起火，一个蚂蚁群被熊熊大火包围了。如何才能突围呢？蚂蚁能想到的办法是，迅速聚拢，紧紧抱成一团，组成一个大蚁球，快速地冲向大火。很快，黑乎乎的蚁球就变成了火球。最后，火球外围的蚂蚁被烧死了，而更多的蚂蚁却得以绝处逢生。

无论个人的力量多么弱小，只要能够凝聚起来，就可以与无所不能的大自然抗争。这个蚂蚁抱团的场景形象地揭示了凝聚力的力量。

《周易》有云，"二人同心，其利断金"；《孙子兵法·谋攻》中也提到，"上下同欲者胜"。凝聚力是衡量一个组织是否有战斗力、是否能成功的重要标志。无数实践表明：一个人心涣散、缺乏凝聚力的团队，终究逃脱不了失败的命运；一个关系融洽、意见一致、团结合作、凝聚力强的队伍，则能攻无不克，战无不胜。

一个团队如果没有凝聚力，就像是一盘散沙。如果有一车沙子从高空倒下来，对地面的冲击并不大，如果把一整车已凝固成整块的混凝土从高空倒下来，其结果就大不一样了；用拳头打人之所以比用手指或者巴掌打人更疼，是因为当拳头攥紧时，整只手的全部力量都凝聚在拳心。这就是凝聚力效应。

"铁打的营盘流水的兵"，这句话从企业经营者口中说出时，听起来很酷，实际上，如果一家企业有许多员工开始"连连跳"，企业也会支撑不住。保持一定程度的人员流动率，对于企业而言，是一件好事。但是对离职人员无限地放任，很可能会对企业凝聚力带来致命的伤害。

一般来说，员工之所以选择离开公司，肯定是对公司不满意。

他们在离开时，可能会找老同事聚餐，其间难免会发牢骚。他们传播的负面能量很可能会动摇公司军心。如果公司员工都萎靡不振，公司的经营状况很可能就会越来越差。

"带走我的员工，把我的工厂留下，不久后工厂就会长满杂草；拿走我的工厂，把我的员工留下，不久后我们还会有个更好的工厂"，这是美国钢铁大王安德鲁·卡耐基的企业管理哲学思想，他一语道破了留住员工的重要性。为了避免离职员工带走现有人才，企业一定要对这个问题给予足够的重视。

前员工联盟的初衷是让双方受益

也有不少老板会抱怨，即使跟员工约定了禁止劝诱，他们却还是转脸不认人，照样这么干。遇到这种情况，企业又该怎么应对呢？

在实际工作中，企业可以和股东约定，股东一旦在离开公司的时候有拉人行为，就丧失了重返公司的机会。一般情况下，拥有股东身份的职场人，还是会在乎自己的脸面和后路的。当然，对于那些决定与公司老死不相往来的人，这样的声明是没有意义的。还有一个有效的限制途径，叫作"丧失前员工（股东）联盟的权益"。我们先来解释一下什么是前员工（股东）联盟。所谓前员工联盟或者前股东联盟，就是把以前在公司工作的人都召集起来。

我们服务过的一家少儿培训类的公司用这个方法，获得了不错的效果。在前员工联盟建立之前，他们的员工在离职后，可能和关系好的同事还有私下联系，但跟公司层面的联系完全切断了。公司成立了前员工联盟之后，公司层面跟这些前员工就有了互动的机会。

少儿培训行业有一个特点，周一到周五的时候课很少，周末或者节假日的时候课会特别多，这个特征就决定了少儿培训公司用人的痛苦——雇用员工太多，这些人周一到周五会比较闲，这就造成很大的人力浪费；雇用员工太少，周末或节假日的时候，现有员工忙不过来，服务质量就会出现问题。

前员工联盟成功地解决了这个问题，公司将这些前员工联合起来，这些人换了工作后，周一到周五上班，有些人假期可能有空闲时间，就可以回来工作。前员工对岗位非常熟悉，也懂得如何配合，比起新员工来说，工作起来更顺手，还不需要有额外的培训。另外，公司聘请一个新人可能需要一个月支付1万元，而请这些前员工在休息时间来帮忙，可能一个月只需一两千元，就能把事情完美解决了，双方都能受益。

我们可以跟离职的股东约定，如果你有劝诱行为的话，就不能享受前员工联盟的权利，包括兼职在公司赚钱的权利、享受公司产品折扣的权利、享受公司销售推荐客户的权利等。这些限制能在一定程度上约束离职股东的行为，限制他影响在职员工的工作精神和工作状态。

附录

创业者必知股权常识

1. 股份、股票、股权

股份是股份有限公司股东持有的，代表股东对公司的出资，构成公司资本的最小计量单位，也是代表股东权利义务的基本计算单位。

股票是指股份有限公司发行的，表示其股东按其持有的股份享有权益和承担义务的可转让的书面凭证。

股权是股东权利的简称，指股东基于其股东资格而享有的，从公司获取经济利益并参与公司经营管理的权利。

具体而言，股票是股份的表现形式，属于可转让的有价证券，股票价格表现股份价值。

股份是股权的基础，股权是股份的权利。股东享有的股权大小与其所持股份的数额多少成正比关系。

2. 优先股、普通股、后配股

股票按照股东权利可分为三种：优先股、普通股、后配股。

优先股是普通股的对称，是股份公司发行的在分配红利和剩余财产时比普通股具有优先权的股份。优先股的优先权主要表现在两个方面：

股息领取优先权。股份公司分派股息的顺序是优先股在前，普通股在后。股份公司不论其盈利多少，只要股东大会决定分派股息，优先股就可按照事先确定的股息率领取股息，即使普遍减少或没有股息，优先股也应照样分派股息。

剩余资产分配优先权。股份公司在解散、破产清算时，优先股具有公司剩余资产的分配优先权。不过，优先股的优先分配权在债权人之后，在普通股之前。只有还清公司债权人债务之后，有剩余资产时，优先股才具有剩余资产的分配权。只有在优先股索偿之后，普通股才可参与分配。

普通股是随企业利润变动而变动的一种股份，是公司资本构成中最普通、最基本的股份，它也是股份企业资金的基础部分。

普通股的基本特点是，投资利益（股息和分红）不是在购买时约定的，而是事后根据股票发行公司的经营实绩来确定，公司的经营实绩好，普通股的收益就高；经营实绩差，普通股的收益就低。

后配股是在利益或利息分红及剩余财产分配时比普通股处于劣

势的股票，一般是在普通股分配之后，对剩余利益进行再分配。如果公司的盈利巨大，后配股的发行数量又很有限，则购买后配股的股东可以取得很高的收益。

3. 干股、实股、虚拟股

干股又称"身股""分红股"，是指股东不必向公司实际出资而大多采用劳务、资源，就能占有公司一定比例股份份额的股权。干股股东只享有分红权。

实股又称"银股""注册股"，通常是指具备《公司法》意义需要实际出资且通过工商注册的股权。实股是拥有表决权、分红权、知情权等所有股东权利的股权。

虚拟股是指公司授予激励对象一种虚拟的股票，激励对象可以据此享受一定数量的分红权和股价升值收益，但没有所有权，没有表决权，不能转让和出售，在激励对象离开企业时自动失效。

4. 资产回报率、净资产回报率、投入资本回报率、使用资本回报率

资产回报率也叫资产收益率，它衡量的是资产的回报率，它也是用来衡量每单位资产创造多少净利润的指标。资产回报率＝税后净利润／总资产。

净资产回报率也称作净资产收益率、股本回报率。净资产回报率对于股东而言意义重大，它是股票复利增长的源泉，可以在不同

行业与不同企业之间横向比较。

投入资本回报率是指投出和／或使用资金与相关回报（回报通常表现为获取的利息和／或分得利润）之比例，它用于衡量投出资金的使用效果。投入资本回报率是用来评估一个企业或其事业部门历史绩效的指标。它决定着企业的最终（未来）价值，也是对公司进行评估的一个最主要的指标。

使用资本回报率又称运用资本回报率，它用于计量企业利用长期资金来源获得利润的能力，是衡量公司运用资本产生回报情况的一个指标。其计算公式为：运用资本回报率＝（税前和利息前利润总额＋利息支出）／运用资本×100%。

5. 授予日、行权日

根据股票期权计划可以购买股票的价格，一般为股票期权授予日的市场价格或该价格的折扣价格，也可以是按照事先设定的计算方法约定的价格。

授予日也称授权日，是指公司授予员工上述权利的日期。"行权"，也称"执行"，是指员工根据股票期权计划选择购买股票的过程；员工行使上述权利的当日为行权日，也称购买日。

6. 股权转让原则

有限责任公司股东对外转让股权：

应当向公司和其他股东告知拟受让人和拟转让价格条件，并征求其是否同意转让的意见。公司和其他股东应于30日内予以答复，逾期未答复者视为同意转让。

有限责任公司股东未足额出资即转让股权：

公司或者其他股东可以请求转让人将转让股权价款用于补足出资的，人民法院应予以支持。名义股东未经实际出资人同意而将股权转让的，实际出资人可以按照约定请求名义股东赔偿其因股权转让而遭受的损失，人民法院一般予以支持。

有限责任公司股东向他人转让股权：

根据《公司法》第七十一条的规定，应当征得公司半数以上其他股东同意；未经同意转让股权且合同签订后公司其他股东也不认可的，股权转让合同对公司不产生效力，转让人应当向受让人承担违约责任。受让人明知股权交易未经公司其他股东同意而仍与转让人签订股权转让合同，公司其他股东不认可的，转让人不承担违约责任。经其他股东同意签订的股权转让合同生效后，公司应当办理有关股东登记的变更手续，受让人得以以股东身份向公司行使权利；公司不办理相关手续的，受让人可以公司为被告向法院提起确权诉讼，不得向转让人主张撤销合同。

7. 其他与股权相关的常识

股东大会决议的法律后果：

股东大会决议是公司权力机关做出的代表公司意志的决策行为，其法律后果应由公司承担。

股东出资不足的法律责任：

股东出资不足的（虚假出资），应在出资不足的范围内，对公司债务承担连带清偿责任；股东出资不足导致公司的注册资本低于《公司法》规定的最低标准使公司的法人人格未能合法产生的（公司法人人格否认），应对公司债务承担无限连带清偿责任；股东抽逃公司资产导致公司履约能力不足的，应在抽逃公司资产的范围内对公司债务承担连带清偿责任；股东资产与公司资产混同、股东业务与公司业务混同的（关联交易），公司的人格即被股东所吸收而不再独立，股东应对公司债务承担无限连带清偿责任。

股东对公司的清算义务也需要关注。

有限责任公司由于下列情形解散或被撤销的，股东应对公司进行清算：

第一，公司章程规定的营业期限届满或者公司章程规定的其他解散事由出现；第二，股东合议解散；第三，公司违反法律、行政法规被依法责令关闭。

股东未履行清算义务的，债权人不应直接向其主张对公司的债权，只能要求其履行《公司法》规定的清算义务。

股东作为清算义务人在公司解散后不及时履行清算义务，致使公司财产流失、贬损的，或者以虚假清算报告或谎称已履行清算程序而将作为债务人的公司注销的，债权人有权向股东主张赔偿因此而产生的损失。

股东丧失民事行为能力或失踪、死亡后的公司清算问题：

股东丧失民事行为能力的,由其监护人作为法定代理人负责清算;没有确定监护人或者监护人互相推诿的,由法院指定监护人负责清算。股东失踪的,由其财产代管人负责清算;没有代管人或者代管人之间有争议的,由法院指定财产代管人负责清算。股东死亡的,由其继承人负责清算;没有继承人或继承人互相推诿的,由法院指定清算责任人。